사랑하는   예술에게

To my beloved art

세상의 모든 여자에게 보내는
마흔 곡의 플레이리스트와 에세이

임에스더

르빔 Rebibim

음악은 사색과 회상의 공간이에요.

음악은 이동 수단이며 일종의 타임머신과도 같아요.

음악은 마치 풍경 같아요.

관계를 확장할 수도 있고, 쉴 곳을 찾을 수도 있죠.

- 막스 리히터

엄마에게, 사랑의 마음 담아

일러두기
글마다 실려 있는 연주 및 영상 링크의 경우, 시간이 흐름에 따라 변동이 생기는 경우가 있을 수도 있습니다. 그런 경우 추천한 연주 및 콘텐츠의 키워드로 검색하셔서 영상이나 앨범을 찾아 들으실 수 있습니다.

프롤로그

Prologue

예술이란 주제의 원고를 처음으로 제안받은 것은 약 6년 전이었습니다. 그때는 클래식과 문학을 주제로, 서로 편지처럼 주고받는 형태의 에세이였지요. 저는 클래식 이야기를 보내고, 다른 남자 작가님은 문학 이야기를 편지로 보내 주시는 그렇게 서로 소중히 간직하고 있었던 예술 이야기를 주고받는 참으로 즐거운 작업이었습니다. 그러나 아쉽게도 그 작업은 중간에 어려운 일들이 생기면서 이어지지 못했고 아름다웠던 그 시간은 어디론가 증발해 버렸습니다.

원고만 남고, 그 원고는 저의 책상 아주 깊은 서랍 안에 잘 보관되어 있었지요. 다른 책 기획을 이야기할 미팅이 있을 때면 은근슬쩍 저는 그 원고를 꺼내 보여 주기도 했는데, 그러면서 한편으로는 좌절감을 느끼기도 했습니다. '내가 하는 예술 이야기가 사람들에게는 멀고 지루하고 재미없는 것일 수 있겠구나. 나도 예술을 보고 느끼고 듣는 마음을 가지기까지 얼마나 오래 걸렸던가. 그런 나도 여전히 때론 클래식을 듣는 일이 사치스러울 때가 있는데, 당연하지. 이건 역시나 안 팔리는, 안 되는 기획이겠지.'라고 말이죠.

그렇게 세월이 지나 어느덧 마흔셋.
이만큼 살았는데 이만큼 살고 보니 가장 생소한 것은 제 나이와 지금의 제 모습이더군요. 믿을 수 없는 숫자와 믿고 싶지 않은 거울 속 주름들을 마주할 때 '나는 지금 어떻게 살고 있는 것일까.' 허망하고 마음이 서늘해지기도 했습니다.

하지만 삶의 길이란 여전히 어둡고 때론 더 막막해지며 지난날의 깨달음은 다 사라져 버렸을지라도 제 마음에는 여전히 음악이 있고 예술이 있음을 발견했습니다. 그것은 그저 예술이 주는 충만함이었습니다. 그 무엇으로도 대체할 수 없는 만족감이었습니다.

동시에 '인생을 이만큼 살아왔는데 앞으로의 인생은 또 어떤 빛깔과 가치로 채워 가야 할까? 지금 내가 누리고 가지고 있는 것을 놓아주고 다시 한번 채움의 시간을 가지며 나아가고 싶다.'라는 깊은 곳의 갈망이 제게 계속 말을 걸어 왔고, 모른 척하며 살지, 아니면 깊은 심연의 고민을 마주할지, 그 선택은 제게 달려 있었습니다. 신앙이 있는 저로서는 하나님께 지혜를 구하기도 했습니다. 그리고 저는 다시 글을 쓰기 시작했습니다.

총 40편의 글 중에 앞의 스무 편은 6년 전에 써 놓았던 원고입니다. 그리고 후반부의 스무 편은 세월이 지나 새롭게 쓴 원고입니다. 그 가운데는 제가 오랫동안 메일링으로 구독자분들과 소통한 예술 구독 서비스인 「그림책과 클래식 페이퍼」의 일부를 발췌한 글도 있습니다.

그저 모든 글은 한 발짝 한 발짝 앞으로 나아가기 위해 노력했던, 음악과 예술 안에 살고자 애썼던 아주 작고 소박한 제 자신의 이야기입니다. 소박한 인생 안에서 바흐를, 모차르트를, 베토벤을, 백건우 선생님을, 요요마를, 톨스토이를, 존 루이스를, 글렌 굴드를, 막스 리히터를… 인생의 각기 다른 시점에서 많은 예술가들을 만나며 깨닫고 느끼고 극복했던 기록들이지요.

그 기록들에 날개를 달아 주고 글을 계속 쓰라 말해 준 고마운 르비빔 출판사를 만나 드디어 세상에 나오게 되었으니, 많은 이들의 삶 속에 예술의 충만함과 평온함 그리고 사랑을 전하기 바랍니다.

정말이지 바흐를 듣는 밤, 스탄 게츠의 멜로디를 흥얼거리는 하루, 모차르트의 선율을 연주하는 시간, 차에서 잠깐씩 클래식 라디오를 듣는 시간, 고요한 침묵의 시간에 읽는 시, 좋아하는 연주자의 신보를 기다리는 시간. 그것이 없다면, 그것마저 없다면 세상을 살아갈 수 없을 것 같습니다.

2023년 봄날, 임에스더

To my beloved art

차례

프롤로그 _ 009

1부 예술의 발견 _ 018

하나   예술이 필요한 순간 _ 024
둘   나의 피아노 _ 028
셋   여행의 기쁨 _ 033
넷   사랑을 지켜 가는 일 _ 037
다섯   당신을 이해할 수 있어 행복합니다 _ 042
여섯   그리운 사람 _ 046
일곱   백건우 선생님을 만나러 가는 길 _ 050
여덟   라흐마니노프 피아노 협주곡 2번의 비밀 _ 054
아홉   사랑이 떠나간 자리 _ 058
열   언젠가 우리 다시 만날 때까지 _ 061

열하나 천천히 숨을 쉬어요 _ 065

열둘 내 안의 노래 _ 069

열셋 The Melody At Night, With You _ 073

열넷 내 인생의 명음반 _ 077

열다섯 그대로 비워 두기 _ 081

열여섯 안전한 예술 공동체 _ 085

열일곱 예술의 관용 _ 090

열여덟 유행가 _ 095

열아홉 킨포크적인 삶 _ 100

스물 톨스토이와 쇼스타코비치 _ 105

인터미션 _ 110

2부 예술의 마음 _ 112

스물하나　연습과 고독 그리고 기적 _ 118
스물둘　　커피 칸타타 _ 122
스물셋　　존 루이스 씨께 _ 125
스물넷　　꽃과 음악실 _ 128
스물다섯　새벽의 글쓰기 _ 132
스물여섯　북극을 위한 엘레지 _ 135
스물일곱　사랑하는 엄마에게 _ 138
스물여덟　막스 리히터의 자장가 _ 142
스물아홉　뉴욕 소네트 _ 146
서른　　　당신이 조금 더 행복했으면 좋겠습니다 _ 150

서른하나	동경의 장소 _ 154
서른둘	빈 마음 _ 158
서른셋	회심, 글렌 굴드의 인생 _ 162
서른넷	예술가의 뮤즈 _ 165
서른다섯	아름다운 향기는 오래오래 남아 _ 169
서른여섯	백반집 _ 173
서른일곱	라디오북 _ 176
서른여덟	그리그의 서정 모음곡 _ 179
서른아홉	Farewell _ 182
마흔	우리 있는 모습 그대로 _ 186

에필로그 _ 194

To my beloved art

1부

예술의 발견

To my beloved art

'지금 다 느낄 수 없어도 지금 다 이해할 수 없어도 그냥 두세요.
잘 간직해 두면 언젠가 다시 꺼내어 볼 수 있는 날이 있을 겁니다.'

요즘은 더욱 그러한 생각이 듭니다. 무엇이든지 때가 있음을.

음악도 책도 인생의 가장 좋은 순간에 찾아오는 시기가 있음을. 인연을 만나는 일도 마찬가지며 간절히 바라는 일들도 내 자신이 먼저 준비가 되고 그것을 이해하고 감당할 수 있는 시기에 찾아오는 것임을 깨닫습니다.

어쩌면 매 순간 우리에게 좋은 것들이 찾아오지만 준비가 된 후에야 우리가 그것의 가치를 알아보게 되는 것인지도 모르겠습니다. 그래서 가끔은 나이가 들고 세월이 흘러가는 일이 반갑기도 하지요.

To my beloved art

하나

예술이 필요한 순간

어느 날 오후, 집으로 돌아가는 길이 무척 번잡했어요. 동호대교를 건너는데 앞쪽에 가던 차 두 대가 심하게 부딪히고 연기가 나는 사고가 났지요. 소방차, 구급차, 경찰차가 요란한 소리를 내며 사고 현장으로 달려오고 있었습니다. 늘 별일 없이 건너던 다리였는데 그 시간의 그곳은 정말 엉망이었지요. 10분 전만 해도 상상할 수 없는 풍경이었습니다.

클래식 음악과 예술에 대한 이야기는 오래전부터 정말 하고 싶었어요. 하지만 막상 무슨 이야기로 시작해야 할까 망설여지고 고민이 되었습니다. 이토록 현실의 삶은 늘 정신없고 복잡하며 엉망인데, 과연 음악과 예술이 절실하게 필요한 순간이 얼마나 될까. 그런 생각이 들었어요.

제게는 오래된 습관이 하나 있습니다. 밤에 잠이 들기 전, 매일 바흐[*]의 음악을 듣는 것이지요. 바흐의 〈평균율〉.[**]

그의 평균율을 듣고 있으면 제 삶의 균형이 맞추어지는 것만 같아요. 감정이 엉키고 머릿속이 복잡할 때 의자에 앉아서 몸의 긴장을 풀고 바흐의 선율을 듣습니다. 그러면 이상하게도 하나씩 내려져요. 눈에 보이지 않는 것들이 나를 괴롭히던 감정이 사라져요. 아무리 지우려 애를 써도 되지 않았던 기억하고 싶지 않은 일들도 희미해지지요. 아마도 그때가 제 인생에서는 예술이 필요한 순간이지 않을까 싶어요.

바흐의 음악에는 대체 어떤 힘이 있는 것일까요? 그것은 분명히 작곡가의 삶과 연결되어 있다고 생각해요. 바흐는 단순히 종이 위에 음표만 나열한 사람이 아니라 음들 하나하나에 자신의 영혼을 담았어요. 또한, 누구보다 성실하고 신앙이 깊은 사람이었지요. 그가 음악을 하는 이유는 오직 가족과 신 때문이라고 말할 정도였으니까요. 그는 평생 신이 주신 음악적 재능을 충실히 사용하며 살았던 사람이랍니다.

그런 그가 써 내려간 악보들을 보면 음표들은 촘촘하고 구성은 하도 복잡하여 처음엔 악보를 읽을 엄두조차 나지 않습니다. 아니면 몇 줄을 읽어 가다가 포기하지요. 에라이!

---

[*] 요한 제바스티안 바흐(독일, Johann Sebastian Bach, 1685-1750) : 바로크 시대를 대표하고 완성한 독일의 음악가로 교회 작곡가이자 오르가니스트.
[**] 평균율 클라비어곡집(48 프렐류드와 푸가 BWV 846-893) : 전주곡(prelude)과 주제가 있는 형식(fugue)으로 이루어진, 건반악기를 위한 48곡의 클라비어곡집으로 18세기부터 실용화되었다. 클라비어(Clavier)란, 건반악기를 가리킨다.

그런데 그 순간이 가장 중요해요. 그때 다시 인내를 가지고, 엉덩이를 붙이고 앉아요. 앉아서 계속 음표를 읽어요. 마침내 그의 곡을 끝까지 다 연주할 수 있는 시간이 옵니다. 인내의 과정을 통해서 알게 되는 것은 '바흐의 곡은 연주자의 욕심과 감정과 생각 그리고 판단을 내려놓아야 하는 것이구나.'란 사실이에요. 그것을 내려놓는 순간 비로소 완성되어요.

그날 오후, 다리 위의 사고 현장이 모두 수습되고 나서야 차들이 다시 움직이기 시작했어요. 예상하지 못한 정체 때문에 15분이면 도착할 거리가 한 시간이나 걸렸지요. 처음엔 차 안에서 마음을 동동거리다가, 30분 정도 지나니 포기하기 시작했어요. 마지막엔 무사히 집에만 도착했으면 좋겠다 생각했지요.

그 순간 저는 당연하게도 바흐의 평균율 1번을 흥얼거렸어요. 제가 스스로 마음의 평안을 찾는 방법이었죠. 건반을 떠올려 손으로 짚어 보며 답답한 시간을 어느새 초연하게 보내고 있었어요. 선율을 기억하는 것은 마치 어떤 시를 외우는 일과도 같지 않을까요? 누군가는 어떤 순간에 자신에게 가장 힘이 되는 문장을 외울 수도 있겠고, 누군가는 노래를, 누군가는 그날의 저처럼 바흐를 기억할 수도 있겠지요. 분명히, 모두에게는 예술이 필요한 순간이 있을 거예요.

알랭 드 보통의 『영혼의 미술관』(문학동네, 2018)이란 책에 있는 구절입니다.

만일 세상이 좀 더 따뜻한 곳이라면 우리는 예쁜 예술 작품에 이렇게까지 감동하지 않을 테고 그런 작품이 그리 필요하지도 않을 것이다.

맞아요. 모든 것이 아름다워서 마음을 보듬지 않아도 된다면, 들여다 볼 필요가 없다면, 100년, 200년도 더 된 음악가의 선율을 매일 밤 듣지도 않겠지요. 현실에선 채울 수 없는 갈망과 감성이 예술을 통해 서로 만나고 회복되는 것은 아닐지 싶어요.

작곡가 바흐는 평균율을 모두 작곡하고 이렇게 당부했다고 해요.

"음악 공부를 이제 막 시작하는 학생들에게는 실력을 다지는 악보가 되고 연주자들에게는 매일의 일용할 양식이 되길!"

"평생, 나를 잊지 마라!" 바흐가 지금의 우리에게 이야기하는 것만 같네요.

바흐의 〈평균율〉 중에서 1번(Prelude No. 1 C major BWV 846)을 들어 보세요. 러시아의 피아니스트 '스비아토슬라프 리히테르'의 연주로 들으시길 추천합니다. 그의 평균율은 매우 느리지요. 지정된 속도보다 훨씬 느려요. 그래서 더 안심이 돼요. 저 역시 이 프렐류드를 느리고 평화롭게 연주하는 것을 좋아합니다. 제가 연주한 프렐류드를 들으면서 바흐가 주는 평안함을 느껴 보세요.

둘

나의 피아노

　　제가 태어나고 자란 80년대는 경제적 성장이 있었고 많은 이들이 문화에 눈을 뜰 시기였던 것 같아요. 그때는 무엇보다 '피아노 붐'이 일었던 시절이었습니다. 피아노를 많은 사람이 가질 수 있었지요. 텔레비전 광고에서 피아노를 홍보하기도 했어요.

　　여자아이들이라면 한 번쯤 피아노 학원에 보내졌고 오선 위의 까만 음표를 읽었던 경험이 있을 겁니다. 음악을 전공하는 이들이 가장 많았던 시기가 아니었나 생각도 됩니다. 하지만 무언가에 떠밀려 음악을 하다 보니 진짜 음악이 무엇인지, 아름다운 피아노 소리는 무엇인지를 생각할 겨를 없이 음악과 만났다 헤어지는 시간을 경험하기도 했을 것입니다.

당신의 첫 피아노는 어땠나요? 당신이 기억하는 음악 선생님은 누구인가요?

저는 여섯 살 때 처음 피아노를 시작했습니다. 동네에 있는 피아노 선생님 집에 가서 배우기 시작했어요. 그때 피아노는 제게 새로운 소리가 나는 장난감 정도였습니다. 그러다가 악보를 읽기 시작하니 새로운 노래를 배우는 즐거움이 있었고, 조금 더 발전하니 예쁜 드레스를 입고 무대에 올라 한껏 뽐낼 수 있는 자랑거리가 되었습니다. 돌이켜보면 그 모든 순간에 음악이 좋았다기보다는 음악을 통해 할 수 있는 부수적인 행동들이 더 좋았던 것 같습니다.

제가 피아노를 더 가까이 만나게 된 순간은 열다섯 살 때였습니다. 아버지를 따라 가족들이 미국에서 지내게 되었을 때 말도 통하지 않고 모든 것이 낯선 곳에서 피아노는 저의 언어이자 친구이자 기쁨이었지요. 학교가 끝나면 피아노를 칠 수 있는 교회로 달려갔고 오후 시간 내내 그곳에서 지냈습니다. 그 시간의 피아노는 누구보다 다정하게 제게 말을 걸어 주곤 했지요. 누가 시키지 않아도 연습을 했고 누가 강요하지 않아도 음악을 읽고 듣고 해석했습니다.

그리고 그 모든 시간의 중심에는 좋은 선생님이 계셨습니다. '갈리나 선생님'.

아직도 저는 선생님의 이름과 목소리, 특유의 억양을 기억합니다. 러시아에서 미국으로 이민을 왔던 음악 선생님으로 콘서바토리에서 피아노를 가르치셨지요. 빨간 곱슬머리에 키와 손이 아주 컸던 선생님. 제 평생 최고의 예술가라 할 수 있을 정도로 매일 선생님을 만나고 음악을 이야기하고 연주를 하던 시간을 아직도 잊을 수가 없습니다. 선생님은 제가 연주를 할 때면 늘 옆에서 피아노 선율에 맞추어 멜로디를 흥얼거리셨지요. 선생님이 알려 준 음악은 다정하고 친절했으며 누구를 흉내 내거나 남과의 경쟁이 아닌 나만의 것을 꺼내어 가는 과정이었습니다.

미국에서 다시 한국으로 돌아와야 했던 때에 다른 것들보다도 선생님과 헤어져야 한다는 슬픔으로 무척이나 속상했던 것이 기억납니다. 마지막 레슨에서 마지막 곡을 연주하고 헤어져야 하는 시간에 선생님은 제게 물었죠. "우리 무엇을 칠까?"

눈물이 핑 돌았지만 저는 이내 마음을 가다듬고 모차르트* 소나타** 를 치고 싶다 말했습니다. 모차르트의 피아노 곡은 제가 알고 있는 작품들 중에 가장 행복하고 밝은 음악이었지요. 선생님에게 헤어지는 아쉬움과 슬픔이 아닌 언젠가 다시 만나자는 희망의 인사를 전하고 싶었습니다.

〈Mozart Piano Sonata No. 16 C major K. 545〉 모차르트 소나타 16번, 작품번호 545번 중에서 2악장의 느린 곡(Andante)을 연주했습니다. 모차르트의 밝고 행복한 선율이 우리의 이별을 담담하게 만들어 주었습

---

* 볼프강 아마데우스 모차르트(오스트리아, Wolfgang Amadeus Mozart, 1756-1791) : 천부적인 재능으로 클래식 음악의 새로운 지평을 연 음악사의 가장 중요한 작곡가이며 고전 시대를 대표하는 음악가.
** '악기를 연주하다', '부르다'라는 뜻을 가지고 있으며, '기악을 위한 독주곡 혹은 실내악'으로 멜로디를 노래로 쉽게 흥얼거릴 수 있다.

니다. "기억해. 너는 아주 좋은 연주자가 될 거야. 음악을 해야 해. 알았지? 어디서라도 언제라도 잊지 마. 꼭 음악을 해야 해." 선생님이 헤어지며 제게 당부하셨던 말씀이 아직도 생생합니다.

그때의 피아노 연주, 선생님의 이야기, 음악적 경험, 그 모든 시간은 후에 제가 파이프 오르간을 전공하고 유학을 가고 음악 안에서 살아가는, 지금까지도 가장 힘이 되는 음악적 자존감을 만들어 주었습니다.

연주가 형편없었던 실망스런 날에도 실기 시험을 아주 망친 부끄럽고 괴로운 날에도 더이상 연주자로서 살 수 없을 것 같은 현실 속에서도 저는 선생님을 기억하며 우리의 마지막 모차르트 음악을 떠올립니다. 부족하여 그리 대단하지 못해도 내가 음악인으로서 최선을 다하며 살고 누군가에게 기쁨을 전한다면 '소명을 다하는 것이다. 소박한 내 자리도 귀한 것이다.' 그렇게 용기를 내고 격려합니다.

모차르트의 음악에는 슬픔과 어둠이 찾아올 때 우리가 힘을 낼 수 있도록 도와주는 놀라운 묘약이 들어 있습니다. 천성이 밝았던 그의 성품 때문인지 신이 주신 놀라운 재능 때문인지 모차르트의 음악에는 아주 명랑하고 유쾌한 색채가 깃들어 있지요. 그의 밝은 색채를 잘 표현해 주는 악기가 바로 피아노입니다. 모차르트가 살았던 고전시대(18세기)에는 악기 중에서도 피아노가 가장 많은 발전을 이루었고 더불어 피아노를 위한 소나타도 많이 작곡되었습니다.

클래식 음악의 문을 활짝 열어 많은 이들이 더 가까이에서 음악을 만나고 악기를 연주하며 자신의 인생을 사랑할 수 있게 해 준 모차르트의 수많은 멜로디가 피아노 소나타에 담겨 있습니다.

그 후로 갈리나 선생님을 다시 만나지는 못했지만 때때로 모차르트를 연주할 때면 선생님을 기억합니다. 선생님과 함께 작은 피아노 방에 앉아 미소를 지으며 숨을 한 번 크게 쉬고 손을 모아 시작하던 시간을 떠올립니다.

"에스더야, 난 너의 연주를 듣는 것이 좋단다."

선우예권의 모차르트, 〈피아노 소나타 N. 16 K. 545〉 연주를 들어 보세요. 굉장히 부드러운 터치와 맑은 음색이 모차르트의 선율을 더욱 돋보이게 합니다.

여행의   기쁨

셋

To my beloved art

많은 음악가 중에서도 제가 특별히 흠모하고 사랑하는 작곡가, 펠릭스 멘델스존.* 푸르고 깊은 눈에 잘생긴 얼굴, 호리호리한 몸매, 예술적 감각이 풍부했으며 음악 외에도 미술과 문학, 다방면에 관심도 많고 재능도 많았지요. 그가 만들어 내는 선율은 단순한 음정이 아닌 음 하나하나에 수없이 많은 의미와 생각을 담고 있는 영혼의 노래들이었습니다.

그는 피아노 소곡집 〈무언가〉(Songs without words, 가사가 없는

---

* 펠릭스 멘델스존(독일, Felix Mendelssohn, 1809-1847) : 낭만시대를 대표하는 음악가로 서정적이고 아름다운 음악을 많이 작곡했다.

노래 op. 19)** 를 만들고 이런 이야기를 남겼습니다.

"사람들은 으레 음악이 지닌 애매함에 대해 불평하곤 하지요. 언어는 어느 누구라도 이해할 수 있지만 반대로 음악을 통해 사고한다는 것은 그저 의심할 뿐이지요. 그렇지만 나에게는 정반대입니다. 비단 긴 이야기뿐 아니라 개개 단어에서조차 나는 너무나 애매하고 너무나 불확실하며 너무나 불명료해질 때가 있습니다. 제대로 만들어진 음악과 비교해 본다면 말입니다. 그런 음악에서야말로 영혼은 언어에서보다 수천 배 이상의 명료함으로 가득 채워집니다. 내가 사랑하는 음악이 나에게 말하는 것, 그것은 나에게 있어 언어를 통해 파악이 되는 불명확한 생각이 아니라 너무나 명확한 것이랍니다."(멘델스존의 〈무언가〉 피아노 앨범 중에서)

괴테를 가장 존경했던 이 남자는 자신의 철학을 멋지게 이야기하는 청년이었지요. 그의 아버지는 멘델스존에게 해 줄 수 있는 가장 좋은 교육으로 '여행'을 꼽았고, 멘델스존은 실제로 많은 나라를 여행하고 돌아다니며 음악적 영감을 얻고 작품으로 만들었습니다. 〈무언가〉라는 앨범도 그렇게 만들어졌지요. 유럽의 여러 나라들을 여행하며 떠올랐던 짤막한 선율들을 기억해 두었다가 훗날 피아노 곡으로 완성했습니다. 그는

** 멘델스존의 작품 중 가장 아름답고 유명하다. 멘델스존이 여행을 다니며 오랜 시간 집필한 작품으로 1830년부터 평생 동안 쓰인 것으로 추정하고 있다.

여행지에서 받은 영감들을 오선 위에 음표로 써서 사랑하는 이들에게 편지처럼 보내기도 했습니다.

누군가 제게 잊을 수 없는 여행의 경험을 말해 보라고 한다면 10여 년 전쯤 혼자 유학을 떠났던 독일에서의 시간을 이야기할 것입니다. 오롯이 혼자가 되어 길을 찾고 짐을 메고 시간을 감당해야 했던 날들. 설레는 마음 반, 두려운 마음 반, 두 가지 감정을 작은 마음에 동시에 담고 꿋꿋이 걸어야 하는 길이었지요. 그때 가장 좋은 친구가 되어 주었던 것은 역시 책과 음악이었습니다. 매일 밤 읽었던 전경린 작가님의 책은 제 인생의 전부였죠. 그중 『나비』(늘푸른소나무, 2006)의 일부입니다.

"지금 나의 생은 너무 사소해서 이걸 하든, 저걸 하든, 뭔가를 하든, 아무것도 하지 않든 차이가 없다. 하지만 나중엔 차이가 나겠지. 지금 한 것과 하지 않은 것에 의한 아주 큰 차이. 나중엔. 그걸 지금 안다면 얼마나 좋을까. 지금 필연적으로 해야 할 것들을 미리 안다면 이렇게 막막하지는 않을 것이다."

긴 여행길에서 행복하기도 했고, 좌절하기도 했고, 미래에 대한 두려움에 막막해지기도 했습니다. 하지만 모든 것들이 끝나는 시점에서야 새로운 기쁨을 알게 되었지요. 포기하고 싶은 순간들이 다 지나간 후에야. 그것은 졸업장, 종이 한 장이 대신할 수 없는 많은 경험이었습니다.

해 본 것과 해 보지 않은 것의 차이. 무거운 짐을 들고 길을 걸어 본 것과 걸어 본 적 없는 것의 차이. 사랑과 이별을 경험해 본 것과 경험해 본 적 없는 것의 차이. 긴 밤 울어 본 것과 울어 보지 않은 것의 차이. 지도를 들고 기차를 타 본 것과 타 본 적 없는 것의 차이. 길을 잃어 헤매어 본 것과 헤매어 보지 않은 것의 차이. 노을이 지는 저녁을 혼자서 본 것과 보지 않은 것의 차이. 끝까지 견디어 낸 것과 견디어 내지 않은 것의 차이. 그 모든 것의 차이는 결국 내면의 성장과 연결되어 있었지요.

멘델스존의 〈무언가〉 트랙을 살펴보면 저마다의 제목들이 있습니다. 달콤한 추억, 베네치아의 뱃노래, 5월의 미풍, 듀엣, 봄노래... 총 49곡으로 된 앨범에는 매일매일 다른 풍경이 펼쳐졌을 멘델스존의 모든 여정이 담겨 있지요. 그 여정은 결국 그의 인생이기도 합니다.

저는 글로 된 어떤 에세이보다도 멘델스존의 음표로 이루어진 여행 음악 에세이 〈무언가〉가 더욱 좋고, 눈에 보이듯이 명확합니다. 사진이 없어도 선명하고 글이 없어도 그의 마음을 다 전달받을 수 있지요. 200년도 더 된 이야기지만 그 이야기는 여전히 끝나지 않고 기쁨을 줍니다. 마치 시간이 지날수록 더욱 진해지는 여행의 추억처럼 말이죠.

피아니스트 발터 기제킹(독일, Walter Wilhelm Gieseking)의 연주음반을 추천합니다. 그의 〈무언가〉는 매우 깊이 있고, 사색적이라서 마치 한 권의 고전을 읽는 듯한 느낌입니다.

사랑을   지켜 가는 일

넷

To my beloved art

음악사에는 전설처럼 내려오는 사랑 이야기가 있어요. 클래식의 역사에서 사랑 이야기가 나올 때면 늘 등장하는 두 사람, 로베르트 슈만*과 그의 부인 클라라입니다. 클라라는 슈만의 피아노 스승이었던 비크 선생님의 딸이었고, 미래가 기대되는 아주 촉망 받는 피아니스트였어요. 어느 날, 오랜 연주 여행을 마치고 돌아온 클라라를 본 슈만은 그녀에게서 성숙한 여인의 모습을 발견하고 운명적으로 끌리게 됩니다.

---

* 로베르트 알렉산더 슈만(독일, Robert Alexander Schumann, 1810-1856) : 풍부한 감정과 문학에 대한 남다른 이해로 낭만시대의 음악적 지경을 더욱 넓혀 준 음악가이다.

클라라 또한 아홉 살이나 많았던 슈만을 존경하고 흠모하게 되지요. 두 사람은 서로를 사랑하게 되지만 비크 선생은 둘의 교제를 반대해요. 재능 있고 소중한 딸을 무능력해 보였던 슈만에게 보낼 수 없었던 것이지요. 그 당시 슈만은 무명의 피아니스트였고 미래가 불투명한 음악가였으니까요. 또한 잘못된 연습 방법으로 엄지손가락에 마비 증세가 오면서 더 이상 피아노를 칠 수 없게 된 그였으니까요. 고통과 실의에 빠진 슈만에게 클라라는 유일한 희망이었고, 그녀는 끊임없이 슈만에게 용기를 주며 작곡에 전념할 것을 권유하게 됩니다.

클라라 아버지의 반대 속에서도 둘의 사랑은 계속되었고 슈만과 클라라는 결혼 승낙을 받기 위해 법정까지 가게 돼요. 그리고 마침내 3년이란 긴 투쟁 끝에 결혼 허가를 받아 냅니다. 그들이 결혼식을 올린 1840년에 슈만은 무려 100곡이 넘는 가곡을 작곡했고, 그때를 슈만의 '가곡의 해'라 부르게 되었죠.

사람들은 두 사람의 결혼을 두고 당대 최고 재능의 결합이라 했어요. 슈만은 작곡을 하고, 클라라는 그의 곡을 연주했으며 그들은 아주 완벽해 보였어요. 클라라는 슈만과 결혼한 후 이렇게 말했습니다.

"정말이지 긴 세월이었다. 지금 새롭게 아름다운 생활이 시작되려 하고 있다. 그러나 한편으로는 무거운 책임이 나를 누른다."

안타깝게도 클라라의 삶은 결혼 이후로도 순탄하지 않았어요. 행복한 날들은 그리 오래가지 않았지요. 슈만에게는 유전적인 정신질환이 있었고 그것 때문에 두려움에 떨며 훗날 자살을 시도하게 돼요. 자살 시도 실패 후 정신병원에 입원한 슈만은 2년 뒤 클라라와 자녀들을 남겨 두고 마흔여섯의 나이로 생을 마감하지요. 하지만 그들의 사랑은 그곳에서 멈추지 않아요. 클라라는 미망인이 된 후로 슈만의 곡만을 연주하는 연주 여행을 다니며 항상 검은 예복을 입었고, 영원히 슈만의 뮤즈가 되겠노라 결심했어요.

오래전에 저는 『연인』(달, 2009)이란 책을 쓰기 위해 많은 커플을 찾아다닌 적이 있어요. 6개월 동안 100쌍의 연인을 만나서 내내 그들의 사랑 이야기를 들었죠. 연인들을 만나며 가장 궁금했던 건 그들이 어떻게 시작했는지가 아니라, 설렘의 시간이 지난 후 현실의 사랑을 어떻게 지켜가고 있는가였어요. 제가 오랜 시간 마음속에 가지고 있었던 질문에 대한 해답을 찾고 싶었지요. 연인들이 제게 주었던 한결같은 대답은 아주 간단했어요.

"사랑을 지키는 방법은, 있는 그대로의 서로를 인정하고 받아들이는 것."

그러나 그것은 간단하지만 참으로 어려운 일이죠. 저도 여전히 사랑이란 정답 없는 문제를 잘 풀어 나가지 못해요. 완벽한 반쪽을 찾을 수 없는 것처럼 저 또한 완벽한 반쪽이 될 수 없을 테죠. 설령 반쪽을 찾았다 한들 완벽한 사랑이란 없음을 알고 있어요. 다만 사랑을 어떻게 지켜 가야 하는지 하루하루 알아 가고 있는 과정일 뿐이죠.

"산다는 것은 사랑하는 일이고 사랑한다는 것은 더불어 사는 일. 그러므로 연인이란 정답 없는 수많은 인생의 문제들을 서로 부둥켜안고 함께 살겠다 다짐한 세상에서 가장 용기 있는 사람들이다."(임에스더, 『연인』 중에서)

연인과 사랑에 대해 제가 내린 정의입니다. 핑크빛 설렘과 낭만만이 사랑의 전부가 아님을, 그것을 아는 지금의 나이가 좋기도 하고 때론 슬프기도 합니다. 이제는 사랑에 책임을 다해야 하는 나이가 되었으니 말이죠. 끝까지 사랑을 지켜 낸 클라라를 더없이 존경합니다.

슈만과 클라라의 가장 좋았던 시절, 독일의 시인 뤼케르트의 시에 슈만이 곡을 붙여 클라라를 위해 만든 가곡 〈헌정〉* 을 들어 보세요. 슈만이 결혼식 전날 밤 클라라에게 선물한 프러포즈 곡이기도 하죠.

"그대야말로 나의 영혼이요, 나의 마음이여. 그대야말로 나

---

* 슈만의 연가곡집 〈미르테의 꽃 op. 25〉에 실린 가곡이다. 1840년 결혼식 전날 신부 클라라에게 바친 26곡의 연가곡 중 첫 번째 작품으로 매우 절절한 사랑의 노래이다.

의 즐거움, 나의 괴로움이여. 그대야말로 나의 삶을 영위하는 세계여. 그대야말로 내가 비상하는 하늘이여..."

🌸 가사가 있는 가곡으로 들어 보시고 더불어 프란츠 리스트(헝가리, Franz Liszt, 1811-1886)가 편곡한 피아노 곡인 가사 없는 연주곡으로 들어 보시는 것도 좋답니다. 지용의 연주로 감상해 보세요.

다섯   당신을 이해할 수 있어   행복합니다

루드비히 판 베토벤.* 베토벤은 제게 있어서는 고약하고 심각하고 아주 지루한 사람이었지요. 그의 생을 주제로 한 영화에서도 베토벤은 늘 인상을 찌푸리고 상대방의 마음을 헤아리지 않는 사람처럼 그려지고는 했었어요. 그렇게 무겁고 어렵다 생각했던 베토벤의 음악을 사랑하게 된 계기는 제게 우연히 찾아왔지요. 2007년에 피아니스트 백건우 선생님의 '베토벤 피아노 소나타 전곡 연주회' 소식을 듣게 되면서였습니다.

---

* 루드비히 판 베토벤(독일, Ludwig van Beethoven, 1770-1827) : 모차르트와 함께 고전 시대를 대표하는 음악가이자 낭만시대로 가는 길을 이어 준 음악가로 교향곡의 대명사이다.

백건우 선생님은 일주일간, 8회에 걸쳐 베토벤 피아노 소나타 전 곡을 연주하시는 프로그램을 발표하셨고, 그런 기획은 세상에 단 한 번도 없었던 아주 특별한 연주회였습니다. 비록 당시 유학 중이어서 연주회를 직접 가 볼 수는 없었지만 다녀온 이들의 감동에 찬 후기를 매일매일 듣고 읽을 수 있었지요. 그들의 이야기만으로도 현장이 생생하게 느껴졌습니다.

넓은 무대에 피아노 하나. 연주자 한 명. 페이지 터너 한 명. 그리고 홀을 채우는 베토벤의 음악들. 나중에 출시된 음반을 들으면서 그날의 연주회 분위기와 선생님의 열정을 확인할 수 있었지요. 백건우 선생님은 인터뷰에서 "베토벤 전 곡을 연주하는 순간을 오랫동안 기다렸다." 말씀하셨습니다. 예순의 나이가 되어서야 이때다, 생각하시고 우리에게 베토벤을 들려주시는 모습을 뵙고 나니 그동안 베토벤에 대해 어렵고 힘들다 생각했던 것이 당연한 일이었구나 싶었지요.

선생님의 베토벤 음반을 시작으로 저는 베토벤의 음악에 대해 조금 더 듣고, 생각하고, 공부하기로 했습니다. 어린 시절 콩쿠르나 입시를 위해서 아무 생각 없이 쳤던 베토벤 곡이 아닌, 마음과 영혼으로 그의 음악을 헤아려 보는 좋은 청중이 되어 보기로 했지요.

마음이 열려서일까요, 같은 음표와 같은 악보인데 전혀 다른 이야기가 다가왔습니다. 모든 선율이 저마다의 의미를 활짝 열어 노래하고 있었지요. 하나씩 하나씩 악보를 읽고 음악을 들으며 음미하니 어느 때보다도 베토벤의 음악이 쉽고 재미있다 느껴졌습니다. 분명히 몇 년 전만 해도 생각도 하기 싫은 고루한 음악이었는데 말이지요.

요즘은 더욱 그러한 생각이 듭니다. 무엇이든지 때가 있음을. 음악도 책도 인생의 가장 좋은 순간에 찾아오는 시기가 있음을. 인연을 만나는 일도 마찬가지며 간절히 바라는 일들도 내 자신이 먼저 준비가 되고 그것을 이해하고 감당할 수 있는 시기에 찾아오는 것임을 깨닫습니다.

어쩌면 매 순간 우리에게 좋은 것들이 찾아오지만 준비가 된 후에야 우리가 그것의 가치를 알아보게 되는 것인지도 모르겠습니다. 그래서 가끔은 나이가 들고 세월이 흘러가는 일이 반갑기도 하지요.

거울을 보면 주름이 하나둘 늘어나서 예전 같지 않은 피부로 인해 맘이 상할 때도 있지만 마음을 들여다본다면 마음속에 생긴 주름들 덕분에 조금은 더 깊이 있게 이해하고 편안하게 생각하는 법을 배워 가는 것 같기도 합니다. 클래식 음악을 사람들과 함께 나눌 때 제가 가장 많이 하는 당부는 "지금 다 느낄 수 없어도 지금 다 이해할 수 없어도 그냥 두세요. 잘 간직해 두면 언젠가 다시 꺼내어 볼 수 있는 날이 있을 겁니다."란 이야기입니다.

그것이 비단 클래식 음악에만 해당하는 이야기는 아닐 것입니다. 우리 인생에 펼쳐지는 크고 작은 모든 일들이 훗날 퍼즐처럼 '그랬구나, 그래서였구나, 이런 순간이 오려고 그랬구나, 그래서 견디어 내길 잘했구나.' 모든 것이 조화를 이루는 시간에 도달하게 되는 때처럼 말입니다.

베토벤의 아홉 번째 교향곡, 〈합창〉은 그의 마지막 곡입니다. 베토벤은 나이가 들어 가며 인류, 평화, 사랑에 대한 이야기를 담고 싶어 했고 마침내 화합을 이루며 교향곡을 완성해 갑니다. 그리고 그가 담으려 했던 화합의 의미는 4악장에서 악기와 사람의 목소리가 함께 쓰이며 조화를 이루는 '환희의 송가'로 나타나지요.

"오 친구여, 이러한 소음이 아닌 더 기분 좋은, 더 기쁨에 넘치는 것을 노래하자."

백건우 선생님은 이제 70대가 되셨습니다. 앞으로 선생님은 또 어떠한 음악들을 도전하시고 우리에게 들려주실까 기대해 봅니다. 그럼, 저는 선생님의 연주를 통해 새로운 음악가를 이해할 수 있는 행복을 가지게 되겠지요.

베토벤 교향곡 9번 op. 125 〈합창〉을 들어 보세요. 정명훈 지휘자님은 심플하고 단순한 지휘로 그 거대한 교향곡을 끌어가시는데 손끝 하나에 음악이 다 담겨 있고 많은 움직임이 필요없습니다. 가장 큰 교향곡을 완성하시지요.

여섯   **그리운   사람**

초겨울, 해가 뉘엿뉘엿 지는 저녁에 고등어를 굽고 있었어요. 집 안에는 생선 냄새가 가득했죠. 창문을 열고 차가운 바람을 맞으며 고등어를 굽고 있는데, 습관적으로 켜 놓은 라디오에서 쇼팽*의 피아노 선율이 흘러나왔어요.

쇼팽의 연주는 바람을 타고 생선 냄새와 함께 제 안으로 들어오기 시작했고, 조금씩 조금씩 음악이 스며드는 순간, 저는 지그시 눈을 감았죠. 그리고 마음속에 꼭꼭 넣어 두었던 오래된 옛사랑의 기억이 떠올랐어요.

---

* 프레데리크 쇼팽(폴란드, Fryderyk Franciszek Chopin, 1810-1849) : 낭만시대를 대표하는 음악가로 특히 피아노 곡을 많이 작곡하여 '피아노의 시인'이라 불린다.

잊고 지냈던 이름, 지난날의 장면들이 주마등처럼 스쳐지나갔죠. '그래, 음악은 마음을 이상하게 만드는 거야.'

마음을 이상하게 만드는, 그런 이상한 음악들로 가득한 시대가 바로 19세기 로맨티시즘, 낭만시대입니다. 낭만시대 이전의 바로크, 고전시대는 음악적 형식을 가장 중요하게 생각했으며 개인의 사적인 이야기나 지극히 주관적인 감정을 음악의 선율로 표현하는 경우가 드물었지요. 그러나 시대가 점점 변하고 대중들이 음악을 듣게 되며 클래식의 문은 더 활짝 열리게 되었어요. 그리고 마침내 쇼팽이 살았던 낭만시대는 작곡가의 가치, 이상, 개인적인 감정, 사랑, 이별 등 소소한 모든 이야기가 음악적 영감을 주는 중요한 요소가 되었지요.

예술가들은 자신의 안을 돌아보고 자신의 깊은 마음속 이야기를 대중들에게 솔직하게 꺼내기 시작했어요. 음악은 좀 더 자유로워졌고 좀 더 다양한 주제를 담아내기 시작했죠. 음악을 듣는 사람들은 마치 본인의 이야기인 것처럼 공감했고 작곡가들의 선율에 온전히 빠져들었어요. 그 시대의 작품들은 더 이상 개인의 것이 아닌 모두의 음악이 되었죠.

쇼팽은 낭만시대의 피아노 음악 역사에서 새로운 지평을 열고 중요한 역할을 했던 사람이에요. 그는 여든여덟 개의 피아노 건반으로 수없이 아름다운 선율을 만들어 내며 '피아노의 시인'이라 불릴 만했죠. 그의 피아노 곡은 아련하고, 가슴 아프고, 모든 이들의 마음에 다가갔습니다.

생각해 보면 음악은 가장 쉽게 사람의 마음으로, 감정으로 파고드는 예술이에요. 꼭 클래식이 아닐지라도 가요나 팝송, 재즈 등 누구에게나 인생에서 잊지 못할 음악이 있을 겁니다. 우연히 그 음악을 듣게 되는 순간 우리의 지금 상황과는 관계없이 시간과 감정이 그때의 모습으로 고스란히 되살아나죠.

그날의 저녁, 라디오에서는 쇼팽의 가장 유명한 피아노 곡, 〈녹턴〉* 9-2번이 흐르고 있었어요. 쇼팽은 무척이나 내성적이어서 사랑하는 이에게 마음을 잘 고백하지 못했다고 하는데 그의 음악은 그의 마음을 대신해 너무나도 아름답게 표현되고 있었죠.

그런 그에게도 일생 동안 마지막이라 할 수 있는 뜨거운 사랑이 있었으니 여류 문학가 조르주 상드와의 시절이었어요. 둘은 파리의 예술가들이 모이는 살롱에서 만나게 되었고 10여 년간 연인 관계를 이어 가요. 폐결핵을 앓았던 쇼팽의 요양을 위해 스페인의 마요르카 섬에서 둘만의 세계를 꿈꾸며 지냈던 시간을 통해, 쇼팽은 그의 음악 인생에 많은 걸작을 남기게 되죠.

하지만 여섯 살 연상의 이혼녀로 이미 두 아이의 엄마였던 조르주 상드와의 사랑을 끝까지 지켜 가기는 어려웠어요. 그들의 사랑은 비록 끝이 났지만 서른아홉 살의 나이로 쇼팽이 먼저 생을 마감하게 되었을 때 그녀는 끝까지 쇼팽의 곁을 지켰다고 해요.

창밖에는 바람이 불고 노을이 지는 시간, 쇼팽의 음악이 집 안 가득

---

* 녹턴(야상곡) : '밤을 생각나게 하는 음악'이란 뜻으로 서정적이고 주관적인 감정을 음악으로 표현한다. 낭만시대에 유행했던 음악적 형식으로 쇼팽은 21곡의 녹턴을 작곡했다.

흐르니 프라이팬 위에 기름이 튀고 비린내가 진동하고 있는 절대 바뀌지 않을 현실과 상관없이 제 마음에는 전혀 다른 세계가 형성되었죠.

음악은 저를 그리운 시간으로 보내 줬고, 그곳에는 보고 싶은 사람이 있었습니다.

✉️ 조성진이 연주한 〈녹턴 op. 9-2〉을 들어 보세요. 무슨 말이 더 필요할까요, 참으로 아름답습니다.

일곱   　　　**백건우 선생님을　만나러 가는 길**

좋아하는 연주자의 공연을 보러 가는 길은 사랑하는 이를 만나러 갈 때처럼 설렙니다. 다른 글에도 몇 번이고 등장하는 백건우 선생님. 저는 기회가 되는 대로 선생님의 공연을 찾아 갑니다. 몇 번을 가도, 똑같이 설레고 새롭고 감동 받으니 마르지 않는 존경과 사랑의 마음을 어찌 다 표현할까요.

몇 해 전 여름에는 한국을 처음 방문하는 '스페인 내셔널 오케스트라'와 협연을 하시는 백건우 선생님의 연주를 찾았습니다. 석 달 전부터 예매해 두고 하루하루 기다리고 있었지요. 무더운 여름날 스페인의 유쾌하고 이국적인 느낌의 음악과 선생님의 연주가 어떤 조화를 이루어 낼지 무척이나 궁금했습니다.

연주회를 앞두고 선생님은 중앙일보와 가진 인터뷰에서 스페인에 대한 인상을 말씀해 주셨어요. "날씨가 기가 막히죠. 음식 값이 저렴하고. 스페인 사람들은 와인을 6차까지 마셔요. 나중에는 길가를 점령하더라고요. 흥을 알아요. 땅바닥에 주저앉아 즐기는 거지요."

오래전에 스페인을 여행했었는데 선생님이 가지고 계신 인상은 제가 그곳에서 느꼈던 것과도 비슷했습니다. 화창하고 따뜻한 날씨 덕분에 도시는 더욱 밝게 느껴졌죠. 건물들은 웅장하고 큼직큼직했고 그 사이로 불어오는 이국적인 바람은 새로운 시각을 가지게 했어요. 바르셀로나는 크고 복잡한 대도시였지만 그곳의 사람들은 여유롭고 편안해 보였습니다. 그들의 시계는 천천히 흘러가는 것처럼 느껴졌지요. 스페인을 여행하며 뜨거운 열정도 현재를 온전히 누릴 수 있는 사람만이 가질 수 있겠구나 생각했어요.

그날 저녁, 스페인 내셔널 오케스트라의 연주는 예상했던 대로 무척 열정적이었습니다. 작은 리듬으로, 보이지 않는 몸짓으로 시작된 하나의 점이 점점 커지고 불타오르며 뜨거워졌지요. 바이올린 연주자들의 활은 수없이 빠르게 그어졌고 관악기를 연주하는 이들의 얼굴은 빨갛게 달아올랐어요. 지휘자는 마치 춤을 추는 듯 음악 안에 몸을 맡겼고 관객은 뜨거운 박수로 성원했습니다.

그리고 그 중심에 모든 열정의 균형을 맞추어 주는 백건우 선생님이 계셨어요. 피아노 앞에서 몸을 움직이지 않고도 스페인의 흥겨운 리듬을 표현하셨고, 그분의 손은 훨훨 날기 시작했어요. 음악 자체인 70세의 피아니스트가 이제 막 경력을 쌓아 가는 30세의 지휘자와 함께 놀랍도록 완벽한 조화를 이루고 있었어요. 2시간 30분의 연주회는 음악 안에서 마음을 놓고 신나게 놀 수 있는 가장 흥겨운 축제가 되었죠.

 선생님의 연주회를 함께할 때마다 느끼지만 단순히 피아노의 놀라운 테크닉 그 이상의 음악을 대하는 모든 태도를 배우고 싶어져요. 선생님이 무대 위로 걸어 나와 인사하시는 모습, 피아노 앞에서 연주를 시작하시는 모습, 오케스트라 단원들과 조화를 이루어 가시는 모습, 연주를 마치고 돌아가시는 모습, 웃으며 진심을 다해 관객에게 눈빛을 맞추어 주시는 모습, 사소한 모든 것들을 닮고 싶죠. 선생님의 음악에는 언제나 겸허하고 소박한 삶을 살아가시는 선생님의 인생이 그대로 담겨 있어요.

 언젠가 선생님의 연주회가 끝나고 무대 뒤를 찾아가 인사할 기회가 있었어요. 한 사람 한 사람을 따뜻하게 웃으며 반겨 주셨고, 대기실 안에는 선생님의 부인, 고(故) 윤정희 사모님도 함께 계셨습니다. 인사를 드리고 나오려는데 이렇게 말씀하셨어요. "우리 남편, 오래오래 사랑해 줘요."

 해가 지날수록 더욱 반짝거리는 선생님의 연주를 동시대에 살며 함께 느끼고 공감할 수 있어서 마냥 행복합니다. 나이를 먹으며 선생님의 음악 세계를 조금씩 더 이해할 수 있어서 행복합니다. 음악은 그렇지요. 닮는다고 해서 쓸모없어지지 않아요.

 나이를 먹어 주름이 늘고 늙어 가는 것도 축복이다, 생각하게 하니 이것이야말로 예술이지요. 오래도록 선생님의 연주를 사랑할 것 같아요.

📩 백건우 선생님과 파리 오케스트라와의 연주 영상입니다. 총 3악장으로 된 〈라벨 피아노 협주곡 G major〉인데 2악장을 먼저 들어 보세요, 2악장은 9분부터 시작됩니다.

여덟   라흐마니노프 피아노 협주곡   2번의 비밀*

풍요로움에 대해 생각해 봅니다. 세상은 계속 발전하고 나아지는데 우리가 원하는, 찾고 싶은 진정한 풍요로움은 과연 함께 성장하고 있을까?

모든 것이 뜨겁게 과열되어 있는 경쟁의 세상에서 사람들의 기대에 부응하기 위해 늘 위태로운 삶을 살고 있는 것은 아닌지 그래서 몸이 아프고 마음이 아프고 고통이 떠나지 않는 것은 아닌지, 원인을 찾아봅니다.

라흐마니노프**는 러시아에서 태어났습니다. 그는 상당히 뛰어난 피아니스트였고 신동이었습니다. 더불어 십 대 때부터 작곡을 시작하여

---

*「그림책과 클래식 페이퍼」(2015년)에 연재한 글을 일부 수정하여 발췌.

상당히 많은 곡을 작업하게 됩니다. 하지만 그에게 스물네 살부터 이듬해까지의 시간은 고통과 슬럼프의 나날이었습니다. 작곡가로서 악평을 들었고 두려움과 고통으로 곡을 더 이상 쓸 수 없었습니다. 또한 사랑의 실패로 개인적인 불행이 겹치며 그는 어둡고 외로운 터널을 지나게 됩니다.

촉망받고 환영받던 젊은 음악가에게 시련은 그토록 갑자기 찾아왔습니다. 작곡에 자신감을 잃은 라흐마니노프는 약 3년간 곡을 쓰지 못했고 정신과 치료를 받기에 이릅니다. 그리고 마침내 그가 긴 어둠의 터널을 지나고 빛으로 돌아오게 만드는 새로운 곡을 탄생시키는데 그것이 바로 라흐마니노프의 인생 최고의 걸작, 〈피아노 협주곡 2번〉입니다. 이 새로운 협주곡으로 그는 다시 한번 인정받게 되며 최고 음악가의 위치에 서게 됩니다.

위대한 예술가의 작품은 그것이 음악이든 문학이든 그림이든 그 모든 것이 우리의 마음과 정신에 퍼집니다. 그것의 공통점을 찾아보면 고통과 결핍, 괴로움으로부터 시작된 것일수록 더 깊이 본질의 울림이 있다는 것이지요. 라흐마니노프의 음악은, 특히 피아노 협주곡 2번은 그에 대한 많은 지식이 없을지라도 처음 듣는 이들에게조차 깊은 울림을 선사합니다.

** 세르게이 라흐마니노프(러시아, Sergei Vasil'evich Rakhmaninov, 1873-1943) : 러시아의 대표적인 피아니스트이며 작곡가이다. 그가 남긴 피아노 협주곡들은 가장 위대한 작품으로 여전히 많은 이들의 사랑을 받고 있다.

고통의 시간을 견디어 낸 이가 할 수 있는 이야기들, 그리고 그 깊이는 사람들의 마음에 위로를 전합니다. 그렇습니다. 예술가들이 마냥 행복하기만 하다면 우리는 걸작을 만날 수 없을지도 모릅니다. 그들은 고통을 안고 살며 예술로 승화시킨 사람들이기 때문이죠.

라흐마니노프가 정신적으로 고통을 받고 있을 때 그는 '니콜라이 달'이라는 정신과 박사를 찾아갑니다. 그리고 그와 함께 치료를 시작하죠. 니콜라이 달 박사의 치료는 자기 최면법이었습니다. 그는 라흐마니노프가 다시 작곡을 할 수 있다, 다시 피아노 협주곡을 쓸 수 있다고 최면을 거는 요법을 치료법으로 썼습니다.

의도적으로 그의 생각을 바꾸고 '할 수 있다'라는 '용기의 가슴'을 심어 주었지요. 그것은 성공적인 치료법이었고 라흐마니노프는 후에 피아노 협주곡 2번으로 명성을 되찾게 된 것입니다.

상처와 두려움을 극복하는 일만큼 세상에 어렵고 힘든 일이 또 있을까요? 눈에 보이지 않는 것과 혈투를 벌여야만 하는 고통은 겪어 보지 않은 사람은 알 수가 없습니다.

우리는 그의 협주곡을 이토록 편하게 앉아 듣지만, 라흐마니노프가 그 한 곡을 다시 작곡하게 되기까지 셀 수 없을 고통의 시간을 겪었으리라 생각합니다. 그런 생각들을 가지게 되면 이 귀한 곡을 얼마나 아끼면서 얼마나 감사히 생각하며 들어야 하는지, 그런 마음도 듭니다.

그의 곡에는 아픔의 비밀이 담겨 있는 것이지요. 그리고 예술가의 고통은 아픔에서 멈춰 있지 않고 세대와 세대를 지나 이토록 오래오래 위로와 치유와 승리의 음악으로 전해 내려오고 있습니다.

✺ 바흐와 마찬가지로 라흐마니노프의 음악 역시 스비아토슬라프 리히테르의 연주로 듣기를 바랍니다. 그의 연주는 사색적이고 무거우며 라흐마니노프의 선율적 고통의 그 깊이를 감당해 내고 있습니다. 유행을 따르지 않고, 강인한 자신의 주관을 연주를 통해 호소하고 설득하고 있습니다. 라흐마니노프의 깊이와 리히테르의 연주적 터치는 무척이나 닮아 있다 생각합니다. 음반사 DG에서 나온 '이 한 장의 명반 시리즈'로서, 세계적인 지휘자 카라얀과 리히테르가 만나 러시아의 작곡가 차이콥스키와 라흐마니노프를 연주한 음반을 추천합니다. 우리가 그의 음악과 연주를 단돈 만 원이 조금 넘는 가격에 들을 수 있음에 새삼 감사하게 되는 날입니다. 그리고 고통을 나누어 준 라흐마니노프에게도.

〈라흐마니노프 피아노 협주곡 op. 18-2〉 꼭, 들어 보세요.

아홉   사랑이 떠나간   자리

To my beloved art

지금으로부터 150년 전 즈음, 프랑스에는 사랑하는 이를 그리워하며 시가를 피웠던 한 남자가 있었어요. 그의 이름은 에릭 사티.* 에릭 사티는 프랑스, 파리 몽마르트르 언덕의 카페에서 피아노 연주를 하며 하루하루를 살아가는 가난한 예술가였어요. 그는 비록 작은 카페의 연주자였지만 확고한 그만의 음악세계를 가지고 있었고 사람들은 그의 연주를 좋아했죠.

---

* 에릭 사티(프랑스, Erik Satie, 1866-1925) : 프랑스의 작곡가. 아카데미즘에 반감을 느끼고 특이한 악풍으로 작곡했으며, 작품의 특징은 본질적으로 어린이와 같은 순수성에 있다. 대표적인 작품으로는 짐노페디, 그노시엔느 등이 있다(두산백과 참고). 에릭 사티는 라투르의 시 '오래된 것들'의 몇 줄에 영감을 얻어 짐노페디를 작곡했다고 한다.

"제발, 제 연주를 듣지 마세요."

이 괴짜였던 예술가는 음악이 그저 배경음악처럼, 하나의 물건처럼 두는 것이어야 한다 얘기했어요. 빈 몸 같은 음악, 아무런 치장을 하지 않은 음악, 에릭 사티는 간결하고 여백이 있는 음악을 작곡하고 연주했습니다. 유명한 일화 중 하나로, 에릭 사티의 연주가 신문에 보도된 내용은 이래요.

"에릭 사티의 연주가 시작되자 모두가 포크와 나이프를 테이블 위에 두고 그의 연주를 들었다."

자신의 음악을 듣지 말아요, 신경 쓰지 말아요 말했지만, 모두의 마음에 그의 음악은 말을 걸었죠. 사티는 그만의 세계를 가진 특별한 예술가였던 것입니다. 그 당시 사티가 지내던 몽마르트르 언덕은 수많은 예술가가 함께 모여 서로 영감을 나누던 곳이기도 했어요. 그곳에서 에릭 사티는 그의 인생에서 가장 사랑했던 여인, 수잔 발라동을 만나게 됩니다. 사티의 연인 수잔 발라동은 모델 일을 하며 살아갔던 여인이었어요. 르누아르, 로트레크, 드가 등 당시 유명한 화가들의 그림 속에 실제로 자주 등장하는 아주 매혹적인 여인이기도 하죠.

사티는 수잔에게 첫눈에 반해 그녀와 뜨거운 사랑을 나누고 그날 밤에 청혼까지 하지요. 물론 거절당했지만... 그녀와 사랑했던 시절에 그녀만을 위해 만들었던 노래로 알려진 〈당신을 원해요〉는 이전 사티의 곡답지 않게 달콤한 수식어들로 가득한 밝은 샹송 느낌이 나는 곡이죠. 심지어 낭만적이기까지 해요.

"금빛 천사여 도취된 열매여 마력의 눈동자여 나에게 그대 몸을 맡겨요, 당신을 원해요. 당신은 반드시 내 것이 될 거예요."

정말 사티가 만든 것일까 싶을 정도로, 늘 회색빛 같은 음악만 만들던 남자가 한 여인 때문에 핑크빛 꿈을 꾸었지요. 둘의 관계는 반년 만에 끝이 나지만, 이별의 이유가 무엇이었든지 그 연애는 사티에게 잊을 수 없는 사랑으로 남아 평생 그녀를 그리워하며 홀로 살아가게 만들었죠.

"황홀한 사랑의 꿈속에서 우리 영혼은 하나가 되겠지요."

사람들에게는 저마다 장소와 시간 혹은 계절로 기억되는 추억이 있지요. 윤동주 시인에게는 어느 기차역의 플랫폼이, 사티에게는 몽마르트르 언덕이 있듯이 저에게도 잊을 수 없는 장소가 있습니다. 단순한 장소가 아닌 그때의 시간, 계절, 바람, 공기가 모두 저장된 장소이지요.

가끔 추억이 그리울 때 찾아가요. 그리고 그곳에 가서 여전히 선명한 우리의 모습을 바라보고 다시 그 자리에 가만히 두고 돌아오지요. 돌아오며 늘 생각해요. '그리움이라도 남아 있어서 사랑스런 추억이라도 남아 있어서 그것만으로도 행복하다.'

성악가 조수미의 목소리로 에릭 사티의 〈당신을 원해요〉를 들어 보세요.

언젠가 우리 다시 만날 때까지

열

To my beloved art

제게는 잊을 수 없는 친구가 있어요. 이름은 다니엘. 전 그 애를 댄이라 불렀어요. 댄은 이스라엘에서 미국으로 왔고 피아노를 무척 잘 치는 친구였어요. 우리가 만났던 나이 열여섯 살. 저도 부모님과 함께 그곳에서 잠시 살았던 시간이었지요.

우리는 뉴저지, 프린스턴에서 머물렀어요. 처음 가게 된 미국은 언어도 문화도 사람도 모든 것이 낯설었어요. 더욱 두려웠던 것은 학교 생활이었죠. 그곳에서 하이스쿨을 들어가게 되었는데 첫날의 어벙했던 기억을 잊을 수 없어요. 교육 시스템도 학교의 분위기도 한국과 너무나 달랐고 그곳에 서 있는 제 모습이 무척이나 생경하게 느껴졌죠.

매일 아침 학교로 가는 길에는 항상 배가 아팠어요. 신경성이랄까. 하루하루 적응해 가며 용기를 내고 있었죠. 그러던 어느 날 그 애를 봤어요. 학교 음악실에서 피아노를 치고 있었죠. 그 애는 슈베르트*의 피아노 소나타를 연주했는데 정말 좋았어요. 끝까지 숨을 죽이며 들었죠. 그리고 다시 그 애를 만나게 된 것은 프린스턴 대학교 안에 있는 채플에서였어요. 학교가 끝나면 채플에 피아노를 연습하러 가곤 했었는데 그곳에서 그 애를 우연히 다시 마주쳤죠.

"안녕!"

우린 인사했고 이야기를 나누었고 친구가 되었죠. 그다음 날부터 매일매일 시간을 정해 두고 학교가 끝나면 채플에서 만났어요. 낯선 곳에서의 두려움들이 그 애를 만나며 서서히 나아졌죠. 우린 만나면 어떤 곡이든지 무조건 연주를 시작했어요. 처음에는 젓가락 행진곡을 치다가 그다음엔 왼손 오른손을 나누어 피아노 소나타들을 치기도 했고, 유명한 작곡가들의 연탄곡**을 찾아 연주했죠. 때론 서로 연습 중인 곡을 쳐 주기도 했으며, 각자 좋아하는 음악가들의 이야기를 하기도 했죠. 두 시간이고 세 시간이고 그 애와 있는 시간은 너무도 빠르게 흘러갔어요.

피아노 의자 위에 함께 앉아 손을 맞추고 음악을 맞추고 마음을 맞추

---

* 프란츠 페터 슈베르트(오스트리아, Franz Peter Schubert, 1797-1828) : 낭만시대를 대표하는 음악가로 짧은 생애 동안 600여 곡의 많은 작품을 남겼다.
** 한 대의 악기를 두 사람이 함께 연주하기 위해 만든 곡.

어 갔죠. 그때, 아마도 제 영어 실력의 8할은 댄에게서 배웠다고 해도 될 만큼 그 애와의 대화는 무척 즐거웠죠. 그러나 그해 겨울에 댄은 다시 자신의 나라로 돌아갔어요. 마지막 날 채플에서 만나기로 약속했었는데 제가 일이 생겨 너무 늦어 버렸고, 연습실 칠판에는 그 아이의 글씨로 가득 한 편지가 쓰여 있었습니다. 댄의 작별 인사였지요.

> 에스더, 나는 너의 연주를 듣는 일이 즐거웠고 너와 피아노 앞에 앉아 있는 일이 행복했지. 우리는 아주 오래전에 만난 친구처럼 자연스러웠어.
> 함께 보낸 시간을 평생 잊지 마. 어디에 있든지 어떤 사람이 되든지 난 지난 기억을 잊지 않을 거야. 언젠가 아주 유명한 피아니스트가 되어 너를 만나러 갈게. 기다려.
> 에스더, I love you, I will miss you so much.

사람과의 좋은 만남을 인연, 운명이라 하지요. 저는 음악을 만나는 일도 운명이라 믿어요. 어떠한 시기에 우연한 계기로 음악을 듣게 되고 좋은 연주자의 연주를 통해 더욱 깊이 알아 가게 되죠. 그럼 어느 순간 음악적 귀와 마음이 열려요. 그리고 평생 가장 좋은 친구로 오래도록 남게 되죠.

저는 여전히 지금도 음악회 포스터나 일정들을 지나치지 않고 유심히 살펴봐요. 혹시나 하는 마음에. 혹시 댄이 오지 않을까 하는 마음에. 댄은 저의 인생에 첫 듀엣 파트너였고 음악 안에서 경쟁이 아닌 우정을 나누며 시간을 보낼 수 있음을 알려 준 좋은 친구, 또한 늘 음악적 자극을 주는 선생님이었어요.

바다 건너, 아주 먼 곳에 살고 있지만 언젠가 우리는 다시 운명처럼 만날 수 있겠죠. 저는 그 애의 연주를 알아볼 테고.

◆ 네덜란드 출신의 듀오 피아니스트 유센 형제의 피아노 연주로, 슈베르트의 연탄곡 〈네 손을 위한 판타지아 D. 940〉를 들어 보세요. 둘의 완벽한 호흡을 느낄 수 있습니다.

천천히 숨을 쉬어요

열하나

얼마 전부터 운동을 시작했습니다. 몸이 점점 늙고 지쳐 간다는 것을 느끼면서 건강한 삶에 대해 더더욱 생각해 보게 되었죠. 일주일에 한두 번은 따로 운동을 배워요. 워낙 운동에 무지하기도 하고 취미도 없었던 터라 꾸준히 할 수 있도록 도움을 받기로 했죠. 어느 날 선생님이 운동시간에 제게 하셨던 말씀이 있어요. "왜 숨을 자꾸 참아요. 쉬어야죠. 들이마시고 내쉬고 그러면서 몸에 힘을 빼야 해요. 천천히 천천히. 급하지 않아요." 이야기를 듣고 보니 제게 있던 오래되고 잘못된 습관이 무엇인지 알게 되었습니다.

늘 바쁘게 살다 보면 나의 인생인데도 불구하고 내 자신을 가장 소중하지 않은 존재로 여길 때가 있어요. 마음과 몸을 미처 세세히 돌보지 못하는 경우들도 참 많지요. 분명히 내 삶의 주체자는 나인데 내 자신은 외면되고 잃어버린 채 살아가죠. 그러다 문득 어떠한 순간에 알맹이는 사라지고 빈껍데기만 남은 인생을 발견하게 되지는 않을까 두렵기도 해요.

음악에는 템포가 있습니다. 느린 박자부터 빠른 박자까지. 저마다 다른 템포의 곡들은 음악의 전반적인 분위기를 만드는 역할을 하지요. 대부분의 클래식 작품 중 2악장이라 불리는 페이지들은 안단테 또는 아다지오, 즉 느린 템포들로 구성되어 있어요. 느린 악장은 곡의 감정을 더욱 촘촘히 이어 가고 깊이 있는 메시지를 담는 역할을 하기도 해요.

제게는 음악을 듣는 여러 방법이 있는데 그중 하나는 느린 악장* 들만 모아서 들어 보는 것이죠. 차근차근 순서대로 듣는 것이 아니라 '조용하고 천천히 흐르는 멜로디'들만 찾아서 감상해 보곤 합니다. 빠르고 격렬한 악장보다도 때론 느린 악장에 담긴 조용한 섬세함이 작곡가가 정말 하고 싶은 이야기는 아닐는지 생각되기도 해요. 그렇기 때문에 2악장은 연주자가 테크닉 그 이상을 뛰어넘어 잘 해석해야 하는 어려운 페이지기도 하지요.

제가 가장 즐겨 듣는 느린 악장의 작품들을 소개하자면 〈베토벤 피아노 소나타 No. 8 op. 13 : 비창〉 2악장, 〈쇼팽 피아노 협주곡 2번 op.

---

* 속도가 느린 악장으로서, 특히 소나타나 심포니 등의 제2악장인 경우가 많다. 느린 템포로는 라르고, 아다지오, 안단테가 있다.

21〉 2악장, 〈모차르트 피아노 소나타 No. 16 K.545〉 2악장, 〈드보르 작 교향곡 9번 op. 95 : 신세계로부터〉 2악장, 〈차이콥스키 교향곡 6번 op. 74〉 2악장들이에요.

우리에게 익히 잘 알려진 2악장들이기도 하고 그만큼 제대로 연주하기가 어려운 곡이기도 하지요. 느리지만 감성이 풍부하게. 깊이 있게. 아름답게. 그 안에는 음악성과 표현력이라는 눈에 보이지 않으나 무척 중요하고 심오한 음악적 디렉션이 담겨 있어요.

이상하게도 저는 언제나 느린 악장을 연주할 때가 훨씬 마음이 편안했어요. 빠른 악장들이 불편했던 이유를 손이 멋지게 돌아가지 않는 부족한 테크닉 탓이라고 볼 수도 있겠지만 저는 느린 악장의 음표들을 읽을 때면 비로소 편안히 숨을 쉴 수 있었죠. 온전히 음악 안에 머물러서 작곡가들의 마음을 이해할 수 있었습니다.

음악은 제게 늘 경쟁 속에서 살아남아야 하는 무서운 전쟁터였고 내 자신과 치열하게 싸워 가야 하는 현장이었는데 2악장의 세계가 시작되는 동안만큼은 그런 모든 것들을 잊을 수 있었죠. 2악장의 느린 음악들에는 나를 내려두고 쉬어 가게 해 주는 신비가 있어요. 요즘은 순간순간 운동 선생님이 얘기해 준 숨 쉬는 법을 생각하며 제게 다가오는 모든 일들에 시간을 두고 거리를 두고 생각해 보려 해요. 잠시 눈을 감고 느리게, 숨을 크게 들이쉬고, 내쉬고 생각을 정돈하려 하죠. 그것은 매우 어렵지만 인내하고 노력해야만 하는 일이에요.

나만의 2악장 플레이리스트를 만들어 보세요.

한 음반에 작품들이 다 들어 있지도, 이어지지도 않아서 매번 오디오에 다가가 느린 악장을 선택하기 위해 CD를 바꿔야 하는 번거로움이 있지만 그런 사소한 순간들이 나를 천천히 걸어갈 수 있도록, 음악에 마음을 맡길 수 있도록 만들어 줄 거예요.

마음 편안히 산다는 것은 내면이 원하는 진정한 템포를 찾아가는 일이기도 하겠지요.

✉ 2악장이 시작되는 시간을 메모했습니다. 2악장 플레이리스트를 만들고 들어 보세요.

· 베토벤의 〈피아노 소나타 No. 8 op. 13 : 비창〉 2악장(백건우, 8:40부터)

 · 쇼팽의 〈피아노 협주곡 2번 op. 21〉 2악장(아르투르 루빈슈타인, 14:25부터)

· 모차르트의 〈피아노 소나타 No. 16 K. 545〉 2악장(선우예권)

 · 드보르작의 〈드보르작 교향곡 9번 : 신세계로부터 op. 95〉 2악장(베를린 필하모닉)

내 안의 노래

열둘

To my beloved art

어렸을 때 노래하는 일을 무척 좋아했습니다. 우습지만, 그때는 제가 굉장히 노래를 잘 부른다고 생각했었던 것 같아요. 언제나 사람들 앞에서 자신 있는 목소리로 두 손을 모으고 리듬을 타던 시간이 문득 생각이 납니다.

얼마 전부터 지인들 몇이 모여 '엄마 하모니'란 이름으로 노래를 부르는 작은 모임을 만들게 되었습니다. 나이가 들어 가며 무엇인가를 오래 배우고 싶었는데 새로운 악기를 배우자니 자신도 없고 어렵고 그래서 우리 안에 이미 가지고 있는 악기를 꺼내 보기로 했지요. 성악 선생님을 모시고 함께 한 달에 한두 번 아주 쉬운 동요부터 가곡까지 가사를 읽고 천천히 호흡하며 우리의 목소리로 노래를 부르고 그 안에 담겨 있는 음악 이야기들을 듣는 시간을 가지고 있어요.

첫 시간에 선생님께서 해 주신 말씀은 노래를 부르기 위해서 가장 중요한 것은 우리의 몸을 열어야 한다는 이야기였어요. 몸을 연다는 의미가 처음에는 잘 이해되지 않았는데 목소리를 내기 위해 허리와 가슴을 펴고 자세를 바르게 고쳐 앉는 순간 내 몸이 온전히 무엇인가를 향하고 있다는 느낌을 받게 되었어요. 그것은 눈에 보이지는 않으나 명확한 표지판이 놓인 길 같았지요.

선생님의 지휘에 맞춰 노래를 부르는 순간부터 선율이 끝날 때까지 즐거운 동행이 시작되는 느낌이랄까. 엄마 하모니를 통해 노래를 부르는 기쁨을 다시 발견하고 있답니다.

사실 저는 클래식에서 성악 파트를 별로 좋아하지 않았어요. 그래서인지 성악 음반을 잘 듣지도 않았지요. 특별히 좋아하는 성악가도 더불어 독창회에 가는 것도 별로 좋아하지 않았어요. 독창회 초대권을 받는 날이면 갈 수 없는 핑계들을 나열하곤 했던 것 같아요. 아마도 성악 연주회를 통해 감동을 느껴 볼 기회가 별로 없어서인 것 같기도 하고 무엇보다 사람의 목소리가 때로 피곤함을 주었기 때문인 것 같습니다. 하루 종일 사람들과 부대끼며 사는데 내 유일한 휴식 시간까지 사람 목소리로 채우고 싶지 않은 마음이었죠.

그런 제게 성악 선생님이 선물해 주신 음반이 있어요. 소프라노 신영옥의 1998년 앨범, 'My Romance'라는 음반이지요. 부드럽고 온화한 내면을 가진 신영옥 선생님의 아름다운 목소리로 채워져 있는 아주 오래된 앨범이에요. 대부분 팝이나 재즈 등 크로스오버 곡들이 많아서인지 듣기도 쉬웠고 편안한 기분으로 열네 곡의 수록곡을 끝까지 들으며 아주 행복했던 성악가의 음반이었어요.

그 음반을 통해 소프라노 신영옥 선생님에 대해 상상해 볼 수 있었죠. 화려하지는 않지만 부드러운 카리스마가 있고 강인한 내면을 가지고 있는 분이 아닐까? 그분의 목소리를 들어 보면 느낄 수 있어요. 온화한 성품과 신념을 가진 분이란 것을. 성악가는 자신의 몸을 열어 무대 위에 서는 사람이니 거짓말을 할 수 없죠. 물론 다른 모든 악기도 마찬가지지만 성악가는 자신의 몸이 악기가 되는 사람이니 더더욱 그래요.

신영옥 선생님의 음반은 그저 성악 선생님이 제게 살짝 건네주신 작은 선물이었는데 그것은 아주 소중한 보물이 되었죠. 온전히 제 마음 안으로 받아들이며 가사를 읽고 노래를 들으니 지금까지의 성악곡이나 음반들과는 전혀 다른 세계였습니다.

어쩌면 예술은 자신의 가장 소중한 일부를 값없이 내어주고 싶은 마음인지도 모르겠어요. 더 나아가 모든 것을 내어주고 싶은 사랑일지도 모르겠고. 단순한 사물이 아니니까요. 그 안에는 마음 안에서 작용하는 따뜻한 생명력이 담겨 있어요.

노래를 하나하나 배워 가는 일도 그렇지요. 단순히 입만 벙긋하고 있는 것이 아닌 내 안에서부터 나오는 목소리에 집중하고 하모니를 이루어 가며 귀로 듣고 마음으로 하나가 되는, 그리고 다시 우리가 부른 노래는 메아리가 되어 추억으로 쌓여 가는 경험을 하지요. 그 경험은 제게 오래도록 남아 때때로 찾아오는 제 삶 속의 어려운 감정들을 극복해 갈 수 있는 힘이 되어 줄 테지요.

대단한 성악가가 될 수는 없겠지만 그저 노래할 수 있다는 것만으로도 기쁜 요즘입니다.

 신영옥의 1998년 앨범 'My Romance'에 수록된 〈All The Things You Are〉를 들어 보세요.

The Melody At Night,   With You   열셋

To my beloved art

　며칠 전에 영화를 보고 왔어요. 제목은 '라라랜드'. 미국의 도시 캘리포니아를 배경으로 하고 있죠. 두 남녀의 꿈과 사랑 이야기를 뮤지컬 형식으로 담은 영화로 아마 모르는 사람이 거의 없을 거예요. 아름다운 영상미와 귀와 마음을 사로잡는 음악에 두 시간이 훌쩍 지나가 버리는 마법 같은 영화였습니다.

　영화는 계절을 따라 진행이 되어요. 겨울로부터 시작되어 봄 여름 가을 그리고 다시 겨울로 끝을 맺죠. 계절 안에서 둘은 우연히 만나고 사랑하고 헤어지고 다시 마주치고 서로의 추억이 되어 살아가는 모습들이 나오죠. 그리고 그들의 시간 안에는 순간순간 음악이 있어요. 둘이 처음 만

날 때 남자의 차에서 울리는 클랙슨 소리, 여자가 남자의 피아노 연주에 이끌려 레스토랑으로 찾아가게 되는 길의 멜로디, 마침내 두 사람이 마음을 확인하고 부르는 듀엣 그리고 영화의 결말, 서로의 현실에서 잠시 환상을 꿈꾸게 하는 남자의 마지막 연주.

영화는 긴 대사 대신 음악으로 노래로 춤으로 말해요. 꿈을 향하라고. 영원히 사랑하라고. 소중한 감정을 잊지 말라고.

처음에는 제목의 뜻을 모르고 갔어요. 뜻을 모른 채 마지막 장면, 너무나 현실적인 결말을 대하고 나니 무언가에 배신을 당한 느낌이었지요. 이건 뭐지. 라라랜드가 대체 뭐길래. 영화에서는 둘이 이루어지지 않아요. 여자는 배우라는 꿈을 향해 프랑스로 떠나고 그곳에서 다른 이와 결혼을 하고 아이를 낳지요. 재즈 피아니스트였던 남자는 자신이 원하던 꿈을 이루기 위해 재즈 클럽을 열고 그곳에서 매일 연주를 하고요. 5년 후에 둘이 재회하는데 그녀 옆에는 함께 살고 있는 남편이, 그 모습을 바라보는 무대 위의 남자가 있지요. 바로 그 결말 10분 동안 영화는 환상의 나라로 떠나요.

라라랜드의 뜻이 무엇인지 아세요? 'LA'라는 도시, 꿈의 세계, 비현실적인 세계, 바로 남부 캘리포니아에서 이루어질 수 있는 모든 환상의 나라를 가리킨다고 해요. 그때부터 무대 위 남자의 피아노 선율에 맞추어 영화 속 장면은 시간을 거꾸로 돌리죠. 그녀와 그가 헤어지지 않았다면, 결혼했다면, 아이를 낳았다면, 여전히 사랑하고 있었다면, 마치 무엇이 진짜고 가짜인지 알 수 없게 화면은 교차되고 마음은 슬퍼져요. 그때 그랬더라면.

영화가 진짜 말하고 싶었던 순간은 바로 결말 10분이었던 것 같아요. 음악이라는 예술이 데려가는 환상의 나라. 영화가 끝나고 현실로 돌아오는 길에 라라랜드에서 봤던 아름다운 노을이 내려진 하늘이 제 머리 위에도 있었죠. 캘리포니아도 아닌데 그 하늘이 있다는 것만으로도 제가 있는 곳이 라라랜드처럼 느껴졌어요.

그리고 언젠가 제게 재즈 피아니스트 키스 자렛의 이야기를 했던 옛 친구가 생각났습니다. 그는 뉴욕에 살았어요. 그곳에서 해마다 키스 자렛의 공연이 있었는데 어느 날은 눈이 너무 많이 와서 연주자가 공연 시간에 두 시간이나 늦었다는 거죠. 그런데도 더 놀라운 것은 공연장을 가득 메운 사람들이 아무도 떠나지 않고 그를 기다렸다고 해요. 늦게 도착한 그는 그날 네 시간이 넘도록 연주를 이어 갔고 그날의 그 연주는 인생 최고의 공연이었다 말했죠. 아마도 공연장에 있던 이들은 키스 자렛이 펼치는 라라랜드에 다녀오지 않았을까요.

그 이야기를 들으며 친구와 마주앉은 시간, 제가 공연을 본 것도 그곳에 같이 있었던 것도 아니었는데 이야기를 듣는 것만으로도 공연의 실황이나 감동이 고스란히 느껴졌어요. 생생하게 그 모든 것이 제 이야기 같았죠. 키스 자렛의 공연을 언젠가 꼭 가서 보고 싶어졌어요.

캘리포니아의 저녁 하늘 같았던 서울, 하늘의 노을이 깜깜해지고 집으로 돌아오는 길, 키스 자렛의 음악을 한없이 들었어요. 도시의 불빛들이 다리 위로 강물 위로 번지고 차는 하염없이 막히기 시작했죠. 막히는 현실, 꼼짝도 하지 않는 거리, 당장 해결해야 할 많은 현실의 문제들, 하지만 음악이 흐르는 그 차 안은 다시 라라랜드가 되었죠. 영화로부터 시작된 라라랜드는 현실로 음악으로 기억으로 그날 하루 종일 제 삶 안에 존재했어요.

영화에서도 주인공들은 약속했죠. 영원히 사랑할 거야. 현실은 멀어지고 삶은 우리를 다른 길로 인도해도 라라랜드에 함께 머물러 본 사람이라면 영원히 사랑할 수 있는 방법을 알고 있겠죠.

서로가 함께 있을 수 없더라도.

 키스 자렛의 앨범 'The Melody At Night, With you'를 만나 보세요.

내 인생의   명음반

열넷

To my beloved art

　제게는 사람을 기억하는 방법이 몇 가지 있어요. 신발은 무엇을 신었나, 그 사람이 가지고 있는 펜은 무엇인가, 그리고 그 사람이 좋아하는 음악은 무엇인가이지요. 셋 중에 역시 가장 궁금하기도 하고 오래 마음에 남는 것은 음악인 것 같아요.

　지금 함께 살고 있는 남자도 저를 음악으로 무장 해제시켰죠. 해가 뉘엿뉘엿 지던 저녁 삼청동 길을 운전하며 지나는데 말했어요. "오는 길에 레코드 숍에서 에스더 씨 주려고 샀어요." 그리고 양복 안주머니에서 앨범을 꺼냈죠. 그가 가지고 온 그날의 음악은 하필 제이슨 므라즈의 신규 앨범이었어요. 그 당시 제가 가장 좋아했던 뮤지션의 노래... 제이슨 브라즈의 목소리로 차 안이 가득 차는 순간 제 마음의 온도가 달라지기 시작했어요.

  그때가 첫날 소개팅 이후 두 번째 만남이었는데, 전 솔직히 별로였거든요. 반반이랄까? 외모는 괜찮았는데 말투나 행동이 저와는 취향이 하나도 맞지 않아 보였어요. 그런데 그날 저녁, 음악으로 한 사람이 제 인생에 훅 들어왔죠. 예상치도 못했던 시작이었어요. 지금도 우스갯소리로 그는 말해요. 'CD 한 장에 넘어온 소박한 여자'라고 말이죠.

  음반 한 장에는 음악으로 촘촘히 짜인 추억과 마음, 때론 말로 다 담을 수 없을 고백이 들어 있기도 해요. 제가 가장 버리지 못하는 물건이 그래서 CD이기도 하지요. 스크래치가 나서 아무리 판이 튀어도 애써 다시 플레이해 보고 또 들어 보고 그래요.

  제게는 10년 넘게 지금까지도 여전히 가장 많이 듣고 가장 좋아하는 음반이 있는데 바로 '스탄 게츠'의 재즈 앨범이지요. 재즈 뮤지션이자 색소폰 연주자였던 스탄 게츠가 브라질의 음악가 조빔을 만나서 만들게 된 앨범이에요. 재즈와 보사노바의 만남. 조빔의 음악에 스탄 게츠와 아스트로 질베르토 그리고 질베르토의 부인까지 멋진 뮤지션들이 참여해 만들어진 세기의 명반이에요.

  선물 받고 그 음반을 처음 들었을 때는 솔직히 뮤지션의 이름조차 기억하기 힘들었어요. 수록곡들도 1곡 〈The Girl From Ipanema〉 외에는 읽을 수조차 없는 브라질 포르투갈어로 되어 있었죠. 하지만 앨범 제목이나 연주자들의 이름, 배경은 중요하지 않았어요. 그저 그 음반을 선물해 준 사람과 그의 취향을 고스란히 받아들인 제 마음만이 있을 뿐이었죠.

얼마 전에 그 음반을 선물해 줬던 친구와 10년 만에 다시 만나게 된 우연한 자리가 있었어요. 세월이 한참을 흘렀지만, 이상하게 어색하지도 낯설지도 않았죠. 저는 오래된 음반 이야기를 했고, 친구는 여전히 그것을 듣고 있냐며 놀라는 눈치였죠. '앨범 케이스가 다 깨져 버렸다, 판은 튀고 난리도 아닌데 여전히 나에겐 그 음반이 소중하다.' 저는 그렇게 오랜 시간 마음에 두었던 모든 이야기들을 할 수 있었어요.

10년이라는 다 헤아릴 수 없는 각자 인생의 시간이 있었지만, 그것은 별로 중요하지 않았어요. 그 친구와의 시간은 제 삶에, 가장 소중하고 깊은 곳에 음악으로 보관되어 있었죠.

잘 만들어진 음악, 정말 좋은 명음반들은 세월이 한참을 지나도 몇 백 년이 흘러도 많은 이들의 사랑을 받아요. 그것은 인생에 한 번 있을까 말까 한 불같은 사랑이기도 하고 운명처럼 만난 이들의 멋진 합주로 이루어진 조화이기도 해요. 그러니 인생에 명음반 하나를 가진 사람은 어느 순간이나 외롭지 않을 수 있고 어느 때나 아름다운 기억에 머무를 수 있습니다.

꼭 명음반이 아니더라도 음반이란 가끔은 인생의 중대한 결정을 할 수 있게 해요. 제이슨 므라즈의 앨범으로 결국 지금 저와 함께 살고 있는 남편은 훗날 이런 이야기를 해 주었어요. "부인, 나 팝송 잘 몰라. 그냥 하나 가격으로 세 장이 들어 있길래..."

 스탄 게츠와 질베르토의 음반을 추천합니다. 앨범에 수록된 〈The Girl From Ipanema〉를 들어 보세요.

To my beloved art　080

그대로 비워 두기

열다섯

저는 책을 좋아하지요. 어렸을 때부터 그랬어요. 집에 책이 많았고 아버지가 책을 가까이하는 직업이기 때문이기도 했지만, 책을 읽을 때면 늘 희망이 생기곤 했어요. 슬픈 날도 힘든 날도 외로운 날도 자주 서점에 가곤 했죠. 서점에서 나는 책 냄새에 파묻혀 종이를 만지작 만지작거리면 그것이 그저 작은 위로가 됐어요.

그런 제게는 매년 꼭 반복적으로 읽는 책이 있습니다. 일상 속에서 실천하며 살고 싶은데 그러지 못하는 삶, 동경하는 삶의 이야기가 담겨 있는 헬렌 니어링의 『아름다운 삶, 사랑 그리고 마무리』(보리, 1997)라는 책이지요. 헬렌 니어링은 제게 늘 소중한 가르침을 주는 선생님 같은 존재예요. 스무 살 때부터 그녀의 책을 읽었어요. 여전히 그때 읽었던 책을 간직하고 있는데 모퉁이 부분이 찢어져서 테이프로 붙여 놓기까지 했지요. 그녀의 책은 낡아도 버릴 수가 없어요. 읽고 또 읽어도 좋은 글귀들로 가득하지요. 『아름다운 삶, 사랑 그리고 마무리』는 남편 스코트와의 헤어짐 뒤에 그녀가 그에게 바치는 에세이예요.

"이 책은 우리가 반세기 넘게 함께하고자 애써 온, 최선의 삶을 살고 그 삶을 사랑하며 우리가 겪은 여러 가지 출발과 떠남에 관한 것이다. 이 책은 스코트의 전기나 자서전이 아니고 내가 알고 있는 그 사람의 존재에 대한 헌사이다."(헬렌 니어링)

헬렌 니어링은 53년 동안 함께 살았던 그의 사랑하는 남편에 대한 이야기를 담담히 책에 적어 가지요. 그러면서 그들이 함께 나눈 가치와 공동생활에 대해 이야기해요. 함께 주고받은 대화의 내용들, 서신들, 생활에서 지켜 갔던 크고 작은 규칙들과 지극히 일상적인 삶에 대한 시선들이 담겨 있지요.

"나는 우리가 같이해야 하는 몇 가지 중요한 일이 있다고 확신합니다. 그것이 무엇인지 알아낼 때까지 탐구하고 그 일을 해 봅시다. 당신과 함께할 일을 그려 보는 일은 너무나 큰 기쁨입니다. 순간순간 당신은 내 생활의 일부로 있습니다. 나는 한편으로 당신을 통해 살고 있습니다. 우리를 함께 묶는 끈들은 매우 많으며 또 매우 강하고 내게는 너무나 중요한 것들입니다."(스코트의 편지)

헬렌과 스코트는 독자들에게 많은 것을 소유하지 않는 소박한 삶의 아름다움에 대해 지속적으로 말하고 있지요. 자연과 더불어 사는 삶, 어려운 이들을 돌보는 삶, 조화를 이루는 삶, 누군가를 돕는 삶에 대해 능력을 발휘하며 도전하라고 말해요. 과거로부터 모든 것을 배우고 잊어버려라, 새로운 곳으로 가서 꾸준히 다시 그 일을 하라 격려하지요.

헬렌 니어링의 책은 그저 오래된 한 권의 도서가 아닌 제게는 성경 같고 진리 같은 가장 중요한 인생의 지침서예요. 왜냐하면 저는 그렇게 살지 못할 때가 많으나 진정한 행복과 가치가 어디에 있는지 정도는 알고 있는 단계라 할 수 있기 때문이지요. 실천은 못 할지라도 마음에 소망이라도 품고 싶은 바람이랄까요.

저는 가끔 생각해요. '난 소박한 삶을 살지 못하는 사람인데 왜 그렇게도 소박한 삶을 동경하는 것일까? 안에는 많은 욕심으로 가득한데 겉으로만 아닌 척하는 것은 아닌가?' 그러다 결론을 내리지요. '행복하지가 않아. 난 지금 이렇게 사는 내 모습이 행복하지가 않아.'

소유하면 소유할수록 행복하지 못한 제 자신의 모습을 보면서 내가 진정 원하는 삶은 무엇일까? 고민하게 되죠. 실수를 거듭하며 후퇴하고 실패하며 소박한 삶은 지극히 어렵다는 것을 경험하면서도 저는 또다시 소망을 품죠. 그것이 헬렌 니어링의 글을 읽으며 동경하는 이유가 아닐까 합니다.

✉ 스웨덴의 재즈 피아니스트 얀 요한손의 음악을 들어 보세요. 비어 있는 공간은 그저 그대로 두어도 괜찮답니다.

안전한 예술   공동체   열여섯

저는 그림책들이 모여 있는 작은 음악 아틀리에를 운영해 왔습니다. 그리고 최근에 읽게 된 그림책 중에 『균형』(유준재, 문학동네, 2016)이라는 책이 있습니다. 글이 많지는 않으나 꼭 필요한 문장들이 있었고 무엇보다도 그림이 참으로 예뻤지요.

"균형을 잡으려면 말이야. 많은 연습이 필요해."

책에는 주인공이 페이지마다 다양한 모습으로 '균형'을 이루어 가는 이야기가 담겨 있었습니다. 혼자였다, 둘이었다, 셋이었다, 이내 많은 이

들이 모여 무척이나 멋진 무대 위의 풍경을 만들지요. 쓰러질 듯 쓰러지지 않을 듯 아슬아슬하지만, 그들은 서로를 믿고 배려하고 도와 갑니다.

책을 읽으며 믿음에 관한 생각을 해 보았습니다. 사람을 믿는 일이 제일 쉬우면서도 어려운 일. 제 자신은 어떤 판단으로 사람을 믿고 인정하는지도 생각해 보게 되었지요. 믿음은 결국 마음을 여는 일이니 상대방과 대화를 나누는 일이 믿음의 시작이 아닐까 생각했습니다.

요즘 저희 책방에서는 '책과 클래식 모임'이라는 주제로 소규모 예술 공동체를 만들어 가고 있습니다. 처음 만난 분들, 오랜 시간 인연을 맺은 분들, 모두가 어색함 없이 책방 안으로 들어와 의자에 앉고 테이블 위의 따뜻한 커피를 한 모금 마시는 순간 곧 친구가 되지요.

우리는 서로의 역사를 다 알지 못하나 그 공간과 시간에서만큼은 모든 것을 시시콜콜하게 다 설명할 필요가 없다고 여겨집니다. 그저 얼굴을 맞대고 이야기를 나누는 그 시간만으로도 서로의 마음을 안아 주고 공감할 수 있지요. 그래서 때론 가장 가까운 친구한테도 할 수 없었던 많은 이야기들을 책과 음악이란 소통의 재료를 통해 솔직한 심정으로 나누게 됩니다.

저는 책에서 메모해 두었던 좋은 글귀들과 그와 함께 들으면 좋을 클래식 음악들을 소개하는 역할을 하지요. 제가 하는 일이라고는 이야기를 나누실 수 있도록 문을 열어 드리는 것뿐. 모임 시간을 더욱 값지게 만들어 가는 것은 참여한 모든 분의 진심이 담긴 마음입니다. 그리고 그 시간 우리 사이에는 견고한 믿음이 존재합니다.

믿음은 결국 우리를 그 공간과 시간과 모임의 순간이 안전하다, 느끼게 하지요. '안전하니 나는 무엇이든 이들과 나눌 수 있겠구나. 나의 이야기를 들어주는구나.' 우리는 서로 그렇게 인생의 균형을 맞추어 주고 있는 좋은 커뮤니티, 공동체가 되어 가고 있습니다. 믿음이 함께하는 자리에는 감격이 생기고 행복할 수 있는 용기도 생기지요.

저는 가브리엘 포레*의 음악을 들을 때면 그런 안전한 느낌을 받습니다. 포레는 프랑스의 국민음악가라 불립니다. 근대음악의 아버지, 프랑스의 고전주의를 계승한 사람. 그를 정의하는 문장들입니다. 제게 포레는 한없이 마음을 따뜻하게 울리는 사람이라 기록됩니다. 그리고 제가 평생 가지고 살고 싶은 플레이리스트 중 가장 많은 목록을 차지하고 있는 사람이기도 하지요. 포레의 피아노 곡은 잔잔하고 부드러우며 누군가 나의 곁에서 사랑을 속삭여 주는 기분이 들게 합니다.

포레는 새로운 근대음악의 혁신적인 창조보다는 고전주의에 가까운 사람입니다. 시도, 개혁으로 세상을 놀라게 하지는 않았지만, 그는 전통과 현대를 적절하게 이어 주고 잘 조화를 이루며 굉장히 중요한 역할을 하고 있는 사람입니다.

그는 프랑스 국민이 가장 존경하는 음악가이며 좋은 교육자였습니다. 아름답고 우아한 선율로 프랑스의 새로운 음악 색채를 써 내려간 포

---

* 가브리엘 포레(프랑스, Gabriel Fauré, Gabriel Urbain Fauré, 1845-1924) : 프랑스의 국민음악가로서 낭만과 근대시대를 대표하는 작곡가이자 교육자이다.

레를 프랑스 국민은 무척 사랑했습니다. 그가 죽었을 때 모든 국민은 거리로 나와 슬퍼했고 그의 장례식은 국장으로 치러졌지요.

포레의 많은 음악 중에서도 제가 가장 좋아하는 것은 그의 레퀴엠입니다. 레퀴엠이라 하면 장례식 때 연주하는 미사곡이지요. 죽은 이의 넋을 달래는 '진혼곡'이란 의미를 가지고 있습니다. 포레의 레퀴엠은 죽음의 끝에 무서운 진노와 심판의 날이 아닌 따뜻한 자유와 사랑을 담고 있습니다.

특히 레퀴엠 중에서 마지막 곡 〈In Paradisum : 천국에서〉라는 곡은 죽음을 맞이한 이가 외롭지 않도록 하늘에서 천사들이 손을 잡고 아름다운 노래를 부르며 동행하고 있는 것만 같은 느낌이 들죠. 절망의 순간 함께 걸어 주겠다, 희망을 주는 음악처럼 느껴집니다.

레퀴엠을 쉽게 듣고, 선택할 수는 없지만 저는 포레의 레퀴엠만큼은 일상에서 위로가 필요하거나 지칠 때 꼭 듣기를 추천하고 싶습니다. 총 일곱 곡으로 되어 있습니다. 포레의 레퀴엠 중에서 마지막 트랙 〈In Paradisum〉을 꼭 들어 보세요. 천상의 자장가를 들으실 수 있습니다.

클래식 음악은 많은 플레이리스트를 소유하고 많은 지식을 알기 위해 듣는 것이 아니랍니다. 분석하고 평가하고 평론하고 어려운 이야기들로 현혹시키며 보여 주고 아는 척하기 위해 듣는 것이 아니라, 나의 내면에 비어 있는 가장 깊은 곳에 생명을 불어넣기 위해 들어야 하는 것입니다.

단 하나의 곡만으로도 평생토록 위로를 받을 수 있으며 용기를 낼 수 있습니다. 포레의 레퀴엠은 제게 그런 곡입니다. 남은 자와 죽은 자 모두에게 보내는 안식의 편지.

요즘 같은 복잡하고 시끄러운 사회적 문제들로 지치고 힘겨운 세상에서 포레의 레퀴엠과 안전한 예술 공동체는 참으로 먼 이야기 같지만, 이 모든 일들은 작은 책방에서 제 인생에서 이루어지고 있는 현실의 시간입니다.

"겁낼 거 없어, 혼자가 아니니까. 우린 잡은 손을 놓지 않을 거야."(유준재, 『균형』 중에서)

▧ 포레의 레퀴엠 중에서 〈천국에서〉를 서울모테트합창단의 곡으로 들어보세요. 32 : 14부터 시작됩니다.

열일곱

예술의   관용

음악 용어 중에서 '심포니아'라는 말은 '동시에 울리는 소리'란 의미를 가지고 있는 그리스어입니다. '심포니', 즉 '교향곡'이란 말의 어원이 되기도 하지요. 많은 악기가 동시에 조화를 이루어 소리를 내는 오케스트라를 지칭하는 말이에요.

클래식 수업을 할 때 저는 가장 나중에 교향곡들을 소개해요. 처음에는 악기 하나 정도에 집중하며 듣다가 시간이 지나고 귀와 마음이 열리기 시작하면 다양한 악기의 소리를 들을 수 있는 마음의 여유가 생기게 되지요. 독주 악기로 시작해서 2중주, 3중주, 4중주, 5중주 이렇게 실내악으로 그리고 협주곡으로, 마지막은 교향곡으로 클래식 수업이 완성되기도 해요.

음악 안에는 '대화'와 '관계'가 있지요. 결국 사람의 인생과도 비슷한 면을 발견할 수 있는데 그것이 '관계'를 이루며 진행되어 간다는 것이지요. 대화와 관계 사이에 가장 중요한 것은 '포용의 능력'이에요. 혼자든 둘이든 셋이든 그 이상이든 그 안에 서로를 이해하기 위한 마음이 있어야 좋은 연주가 가능하지요. 서로를 이해하는 일이 결국 아름다운 음악을 만드는 것의 시작이라 할 수 있겠습니다.

첼리스트 요요마는 바로 그런 사람이지요. 음악계의 평화주의자라고 할까요? 백건우 선생님을 제일 좋아하고 그다음 두 번째로 좋아하는 현대 음악가가 바로 제게는 요요마입니다. 항상 밝게 웃고 있는 앨범 재킷을 보면 그를 진짜로 만난 적은 없으나 이미 여러 번 커피를 함께 마셔본 좋은 친구 같다는 생각이 들지요.

그는 프랑스 태생의 대만계 피아니스트로 프랑스, 미국, 영국에서 자라고 생활하며 글로벌 DNA를 잔뜩 가지고 있는 음악가예요. 여전히 수많은 나라를 돌아다니며 지내는데 공항이나 비행기 안과 같은 그 모든 지나가는 시간이 다 아이디어 뱅크로 작용한다고 해요. 음악을 통해 세계평화를 이루고 싶어 하는 요요마의 시각은 편협한 제 마음의 눈을 새로이 뜨게 만들지요. 이 사람은 대체 무엇을 먹어서 이리도 관대한가?

요요마는 30년 동안 한 명의 반주자와 꾸준히 호흡을 맞추고 있어요. 그는 2015년, 「중앙일보」와의 인터뷰에서 이렇게 말했지요.

"내가 피아니스트를 선택하는 기준은 유명함이 아니다. 그의 머리에 무엇이 들었는가, 상상력의 수준은 어떤가, 다른 이들에게 얼마나 관대한가가 중요하다."

바로 영국에서 활동하는 피아니스트 캐서린 스톳이 그의 파트너입니다.

"스톳의 음반 녹음 이력을 보라. 모든 장르를 탐험한다. 탱고, 현대음악, 대중음악을 가리지 않는다."

얼마 전 둘이 함께 30주년 기념 음반으로 낸 앨범을 들어 보면 얼마나 서로를 좋아하는지 신뢰하는지, 그리고 서로를 포용하는지 느껴집니다. 가장 듣기 편하고 행복한 미소가 지어지는 앨범이기도 하지요.

요요마는 관대함을 다양한 음악적 시도와 관계의 확장으로 이어 가고 있어요. 탱고와의 만남, 영화 음악가 엔니오 모리꼬네와의 음악 작업 그리고 '요요마와 실크로드 앙상블'이 있습니다. 요요마와 실크로드 앙상블은 규모가 크고 가장 특이한 작업이라 할 수 있어요. '실크로드', 곧 예전 동서양의 무역 길이 되어 주었던 그 길의 명칭을 따 세계의 끝과 끝이 만나는 거대한 앙상블을 만든 것이지요.

실크로드 앙상블에서는 전 세계의 모든 악기와 음악들이 다 조화를 이루며 연주가 될 수 있어요. 국적이 다른 연주자들, 처음 보는 악기, 새로운 소리, 클래식, 팝, 민요, 세계의 모든 노래와 그들이 만든 새로운 선율이 실크로드 앙상블에서 멋진 음악으로 재탄생하죠. 어떻게 저렇게 다른 개성을 지닌 사람들과 악기들이 모였는데 이와 같은 조화를 이룰 수 있는가?

그것이 실크로드 앙상블 중심에 있는 요요마가 가진 힘이고 관대함이겠죠. 재미있는 것은 그가 인터뷰에서 말한 바 있듯이 이 모든 아이디어를 '피자 가게'에서 얻기도 했다는 사실이에요. 그에게 일상이란 창조적 아이디어의 연속인 것이지요. 둥근 피자와 여러 가지 재료가 조화를 이룬 도우를 보며 영감을 얻은 앙상블의 연주.

인생의 사소한 걱정들, 가까운 사람과의 오해들, 운전을 하며 버럭 화가 날 때, 별것 아닌 일에 우울해질 때, 내 맘을 몰라줄 때. 그럴 때마다 항상 요요마를 떠올려 봐요. 해맑게 웃고 있는 그의 미소를. 그는 세계평화를 위해 그토록 애쓰는데 나는 이 좁은 공간에 나를 가두어 두고 왜 이토록 시시하게 살아가는가?

세계 평화를 위해 이바지하진 못할지언정 내가 속해 있는 공동체, 가족, 친구, 사랑하는 이들에게 조금 더 관대해질 수는 없을까? 뭐 아무리 생각하고 다짐해 봐도 잘 안 될 거예요. 잠깐 너그러운 마음을 가졌다가도 전혀 관대하지 못하게 행동하겠죠. 그런데 예술이란 참 신기해요. 적어도 예술 안에 있으면 좋은 사람이 되고 싶어져요. 짧은 순간일지라도 좀 더 나은 사람으로 넉넉한 사람으로 살고 싶다는 생각을 하지요. 시시하게 살고 싶어지지 않아요.

언젠가 제게도 그런 경지가 올까요? 피자 대신 비빔밥에서라도 찾을 수 있을까요? 세계 평화를 위해 이바지할 수 있는, 요요마의 예술 정신을 떠올릴 수 있는 마음 말이죠.

　예술은 생각보다 더 위대한 일을 할 수 있고, 이미 하고 있음이 분명합니다.

🎗 요요마와 스톳의 연주를 만나 보세요.

· Ave Maria(2015년)

 · Over the Rainbow(2020년)

🎗 실크로드 앙상블의 연주입니다.

· Heart and Soul

 · Going Home

유행가

열여덟

저는 옛날 가요들이 좋습니다. 특히 유재하와 김광석을 좋아하지요. 이들의 음악을 여전히 찾아 듣습니다. 오래된 노래들이지만 지금 들어도 촌스럽거나 이상하지 않은 것을 보면 좋은 음악에는 대단한 보존의 힘이 있는 것 같습니다.

최근에 친구들과 모인 자리에서 달달한 샴페인을 마시며 계속 오래된 가요를 찾아 들었습니다. 함께 모인 우리는 늦은 밤까지 많은 신청곡을 쏟아내었지요. 그리고 그 노래들 안에는 저마다의 다른 추억이 있었습니다. 재미있는 것은 서로 다른 추억들인데 공감할 수 있다는 것이었습니다. 나도 그때 그랬는데, 그때 그런 마음이었는데. 서로가 서로의 인생을 헤아리고 있었지요.

　함께 이야기했던 것 중 모두의 같은 의견은 유재하나 김광석의 노래들은 그때 그 버전이 가장 좋다는 것이었습니다. 많은 이들이 그들의 음악을 새롭게 편곡해서 불렀지만, 그래도 '가장 최초의 노래가 좋다'였지요. 그들이 그렇게 뛰어난 가창력을 가진 것도 아니고 화려한 사운드를 자랑하는 것도 아닌데 왜일까, 생각해 보면 자신의 이야기를 솔직하게 표현하고 있으며 그런 그들의 목소리에서는 진정성이 느껴지곤 합니다. 그저 기타 하나에 목소리일 뿐인데 모두의 마음에 가장 좋은 노래로 오래도록 남아 있는 이유였지요.

　'진짜 좋은 것'이란 그런 것 같습니다. 아무리 대단하고 화려한 것을 덧입히고 덧칠한다 할지라도 진짜를 가진 이들의 것을 뛰어넘을 수는 없지요. 유재하나 김광석에게는 아무도 흉내 낼 수 없는 아름다움이 있습니다. 물론 그런 진정한 예술성을 가졌다고 해서 완벽한 삶이다, 행복한 삶이다 결론 지을 수는 없지만 그래도 그들은 자신을 솔직하게 표현하는 방법을 알고 있는 이들이었고 그 감정을 모두 자신의 것으로 만들었던 사람이었지요.

　예술에는 시간과 추억뿐만 아니라 우리가 가진 감정을 온전히 우리의 것으로 만들어 보존하게 해 주는 힘이 있습니다. 슬픔, 괴로움, 어려움, 행복, 기쁨, 사랑, 이별... 우리의 삶에 다양하게 찾아오는 많은 감정의 변화를 고스란히 느끼고 나의 것으로 만들어 저장할 수 있게 해 주지요. 부유하는 시간을 붙잡아 나의 진짜 삶으로 만들어 주는 능력이 예술에는 존재합니다.

그래서 어쩌면 예나 지금이나 모든 음악가들이 자신들의 이야기를 악보에 담아 연주하고 있는지도 모르겠습니다. 그림을 그리는 이들은 캔버스 위에, 글을 쓰는 이들은 종이 위에 우리는 저마다 다른 방법이지만 같은 이야기를 하기 위해 예술을 빌리고 있는 것이나 다름없지요.

낭만주의를 대표하는 러시아의 작곡가 차이콥스키*의 음악을 들을 때면 저는 유재하나 김광석의 노래들과 닮았다는 생각을 하게 됩니다. 매년 '한국인이 좋아하는 클래식 음악가'로 뽑히는 이유도 바로 그 이유가 아닐까요? (차이콥스키 씨는 모르시겠지만)

그의 음악에는 사람의 감정을 대변하는 구체적인 형태가 있습니다. 그의 음악을 통해 우리는 실체를 알지 못해 힘들어하는 여러 감정과 대면할 수 있지요. 열 살 때부터 작곡을 했을 정도로 음악에 남다른 재능이 있었던 차이콥스키는 안정된 생활을 바랐던 아버지의 뜻을 따라 법률학교에 들어가게 됩니다. 졸업 후 관료 생활을 하게 되지만 이내 직장 생활을 중도 포기하고 다시 음악원에 입학하여 오랜 꿈이었던 음악과 마주하게 되어요.

어린 시절부터 음감에 예민했던 그의 예술성은 다시금 피어오르게 되고 훗날 그는 러시아 모스크바 음악원의 교수로까지 임명됩니다. 그는 러시아를 대표하는 음악가로서 무수히 많은 러시아적 색채를 입힌 낭만

---

* 표트르 일리치 차이콥스키(러시아, Pyotr Il'yich Tchaikovsky, 1840-1893) : 19세기 러시아를 대표하는 최고의 국민음악가.

주의 음악을 만들게 되지요.

만약 그가 마음의 이야기를 무시하고, 감정을 외면한 채 계속 법률관으로 살았더라면 우리는 아마도 차이콥스키의 음악을 단 하나도 만나지 못했겠지요. 얼마나 다행인가요. 그의 용기 있는 결정에 새삼 감사할 뿐입니다.

음악가로서 제2의 인생을 살았던 차이콥스키의 삶이 그가 법률관으로 살았을 때보다 더 행복했는지, 정말 단 한 번도 그의 선택에 후회가 없었는지, 우리는 그것까지는 다 알 수 없습니다. 하지만 적어도 그는 자신이 하고 싶은 이야기를 하며 원하던 인생을 살았지요. 그리고 그가 남긴 예술 작품을 통해 많은 이들이 위로를 받았고 지금도 여전히 계속되고 있습니다.

단 한 순간일지라도 우리가 원하는 모습으로 진짜의 감정으로 살아 있는 것. 저는 그것이 예술이 해 주는 많은 역할 중에 하나라고 생각합니다. 그런 일들에는 많은 용기가 필요하다 생각하는데 예술은 그것을 할 수 있도록 도와주지요.

늦은 밤의 그날 좋아하는 이들과 모여 오래된 유행가를 찾아 들으며 우린 예전의 '나'를 다시 만나 사랑하고 화해하고 용서하고 받아들이고 있었습니다. 말로 설명할 수 없는 모든 것들을 음악이 대신해 주고 있었습니다. 그날만큼은 달달한 샴페인보다 음악에 취했지요.

✉ 차이콥스키의 <첼로와 현악 오케스트라를 위한 '안단테 칸타빌레'>를 들어 보세요. 장한나의 스승인 미샤마이스키의 연주부터 들으시고, 이어 장한나의 연주를 들어 보세요.

· 미샤마이스키의 연주

 · 장한나의 연주

열아홉   킨포크적인   삶

꽤 오래전부터 우리나라에는 북유럽 열풍이 불었습니다. 처음에는 가구나 생활용품들이 들어오기 시작했고, 시간이 흐르며 그들의 삶의 방식까지도 받아들이고 싶어 하는 이들이 많아지며 그들의 문화가 우리에게 찾아오기 시작했지요.

그들의 삶의 방식을 볼 수 있는 가장 대표적인 것은 아마도 '킨포크'라는 단어를 통해서였을 것입니다. 킨포크란 '친족', '친척'을 의미하는 네덜란드어입니다. 그들은 문화와 예술, 일상을 공감하고 나누며 사는 세계의 모든 이들을 킨포크라 부르고 있었지요. 간결한 디자인과 담백한 글 그리고 따뜻한 사진들로 채워진 책을 볼 때면 매 순간 '이렇게 살고 싶

다' 생각하게 되었습니다.

그래서 잠시 흉내라도 내 보곤 합니다. 천천히 숲을 거닐어 본다거나 작고 소중한 일상의 순간들을 킨포크적인 언어로 기록해 보거나 자유롭게 여행을 떠나 보기도 하지요.

또한 '휘게'라는 덴마크어가 있습니다. '편안함', '따뜻함', '안락함'을 뜻하지요. 가족이나 친구와 함께 또는 혼자서 보내는 소박하고 여유로운 시간을 의미하는 단어이지요.

휘게와 관련된 책들을 읽어 보면 그들이 매 순간 얼마나 '휘게'를 중요하게 생각하는지 알 수 있습니다. 마냥 행복할 수 없는 조건인 잦은 비와 추위의 궂은 날씨를 대하며 살아야 하는 북유럽 사람들은 인생을 좀 더 즐겁고 행복하게 살아갈 수 있는 길을 찾았던 것 같습니다. 그런 방법들은 생각보다 아주 소소했지요. 무릎 위에 담요를 덮는 일, 실내의 조명을 낮추는 일, 맛있는 커피와 차를 마시는 일, 책 한 권을 오래 읽을 수 있는 안락한 의자를 가지는 일, 사랑하는 이들과 함께 나누는 저녁의 테이블, 자연을 산책하는 일.

이 모든 것들은 우리의 인생에도 늘 존재하는 일상적인 일이지만 그들은 '휘게'라는 가치를 더하여 모든 시간을 소중히 담아 두고 있었습니다.

제 인생에서 가장 큰 '휘게'의 순간은 언제일까 생각해 보면 제게는 그것이 음악을 듣고 책을 읽는 시간이 아닐까 생각합니다. 이전의 원고 중에서 '느린 음악'에 대해서 이야기한 적이 있지요. 그때는 미처 몰랐는데 그때의 '느린 음악'이야말로 '휘게적인 생각'을 잘 표현한 플레이리스트가 아닐까 싶습니다.

미국의 현대 음악가 중에 존 케이지라는 작곡가가 있습니다. 그의 곡 중에는 <4분 33초>라는 연주곡이 있지요. 그것은 4분 33초 동안 연주자가 침묵으로 악기 앞에 앉아 있는 것입니다. 즉, 관객의 입장에서 보면 아무것도 연주되지 않는 것이지요.

저벅저벅 무대 위로 연주자가 걸어옵니다. 그리고 피아노 앞에 앉지요. 시간을 체크해 두고 가만히 앉아 있습니다. 정적과 침묵이 흐르지요. 마침내 4분 33초가 지나면 연주는 끝이 나고 다시 연주자는 무대 뒤로 들어갑니다.

처음 그 연주에 대한 저의 반응은 '이게 뭐야?'였습니다. 저뿐만 아니라 연주를 접한 다른 이들도 마찬가지였지요. 존 케이지가 만든 악보의 오선지 위에는 음표가 하나도 없었어요. 다만 3악장에 '느리게'라는 표시가 있을 뿐이었습니다.

연주를 보고 그의 생각이 궁금해서 저는 그의 의도를 해석해 주고 있는 여러 가지 자료를 찾아보았습니다. 존 케이지는 '완벽한 무음은 없다'라는 의미로 이 곡을 작곡하게 되었다고 했습니다. 모든 상황에 따라 빈 악보가 채워지고 그 모든 소리는 결국 음악이 될 수 있다는 의미였습니다.

또한, 그가 그런 작곡을 떠올리게 된 것은 그의 친구가 빈 캔버스를 전시하면서였다고 합니다. 화가 로버트 라우센버그는 한 전시회에서 아무엇도 그리지 않은 캔버스를 전시했고, 빈 캔버스는 그날의 빛이나 실내의 조명, 사람들이 오고가는 발걸음과 그들의 그림자 등에 의해 새롭게 채워졌다고 합니다. 매일매일 다른 색감과 그림의 형태가 된 것이었지요. 친구의 전시에서 영감을 받은 존 케이지는 빈 캔버스를 음악으로 표현하고 싶었던 것 같습니다.

이미 우리에게도 '미니멀리즘'이나 '단순하게 살자'는 문구가 익숙해졌지요. 어느 순간 사람들은 차고 넘치는 많은 것들에 싫증이 난 듯이 너도 나도 버리고 비우는 삶에 대해 예찬을 하고 있습니다. 아무리 가져도 행복하지 않아서였는지 이젠 비우고 단순하게 행복해져 보자 얘기하고 있습니다. 어떤 면에서 생각해 본다면 존 케이지의 음악이야말로 단순성의 기쁨, 진정 무소유의 삶을 실천한 4분 33초가 아닐는지요.

그저 조용히 앉아서 삶 속의 무음과 빈 캔버스를 채우고 있는 것을 찾아보고, 매일 달라지며 쉽게 잊히기도 하는 그 행복의 얼굴을 재발견할 수 있다면...

킨포크적인 삶. 그들이 삶을 대하는 방식을 실천해 보려 노력합니다. 하루를 시작하는 아침, 커피를 마시기 위해 준비하는 순간, 주전자를 데우고 커피콩을 분쇄기에 갈고 거름종이에 가루를 담아 포트에 내리는 순간 모든 과정을 하나하나 가치 있게 생각하며 집중해 보려 노력합니다. 그런데 그러다가 문득 그런 생각이 들곤 하지요. 킨포크적인 삶을 살고 싶을 때 가장 중요한 것은 결국 이런 삶을 이해하고 나눌 수 있는 사랑하는 이가 있는가, 없는가가 아닐까?

맛있게 내린 커피를 안락한 의자에 앉아 함께 마실 수 있다면, 좋은 음악을 들으며 따뜻한 마음으로 하루의 시작을 나눌 수 있는 사람이 있다면. 물론 혼자여도 좋겠지요… 하지만 둘이라면. 이 모든 것을 이해하고 자연스럽게 나눌 수 있는 둘이라면.

그러면 존 케이지의 음악을 틀어 두고도 아무것도 바랄 것 없는 완벽한 행복의 세계를 경험할 수 있지 않을까요? 그것이야말로 진정한 '휘게 라이프'겠지요.

 존 케이지의 연주 〈4분 33초〉를 영상으로 만나 보세요.

톨스토이와 쇼스타코비치

스물

To my beloved art

겨울에는 늘 하나의 의식처럼 러시아의 음악을 듣곤 해요. '러시아' 하면 눈, 기차, 광활한 대지, 두꺼운 외투를 입고 몸을 웅크린 채 걷는 사람들이 떠오르죠. 그리고 한 여인이 제 이미지에는 항상 있어요. 어린 시절 봤던 영화 속 주인공 안나 카레니나. 눈이 바다처럼 깊고 아름다운 여성이 설원의 풍경에서 기차를 타고 내리는 장면이 늘 그려지죠.

'안나 카레니나'는 톨스토이의 작품으로 영화로도 여러 번 만들어졌어요. 가장 최근에 본 것은 2013년도에 제작된 키이라 나이틀리 주연의 안나 카레니나였습니다.

아름답고 우아하며 모든 기품을 다 갖춘 안나는 러시아 최고의 정치

가인 남편 카레닌과 결혼하여 여덟 살 된 아들을 두고 있지요. 호화로운 저택에서 행복한 결혼 생활을 하며 살지만 고루하고 무뚝뚝하며 일밖에 모르는 남편에게 염증을 느끼게 돼요. 그러던 어느 날 젊은 장교 브론스키가 그녀의 앞에 나타나게 되고 그의 적극적인 구애에 안나는 결국 사랑에 빠지게 되죠. 욕망과 집착으로 둘의 관계는 점점 더 위험해지고 결국 둘의 부적절한 관계가 세상에 알려지며 안나는 모든 것을 버리고 도피하게 됩니다.

오래전에 봤던 안나 카레니나보다 20년쯤 지나 보게 된 지금의 안나 카레니나는 색감도 더 예뻤고 더 역동적이었고 더 비극적이었어요. 영화를 보는 내내 가슴이 아팠는데 주인공의 상황에 너무 몰두하여 그런 것인지 아니면 안나의 모습 속에서 나의 어떠한 일부를 발견해서였는지는 정확히 모르겠습니다.

다만 분명한 것은 그녀를 예전보다는 조금 더 이해할 수 있겠다 싶었죠. 안나의 시간쯤, 결혼 7~8년 차 되는 여자들이라면 누구나 저와 같은 마음으로 그녀를 이해할 수 있지 않을까 생각했어요. 안정을 찾고 싶어 결혼을 하고 아이를 낳고 정신없이 살면서 어떤 순간 뭔가를 잃은 듯한 상실감을 느끼게 되죠. 그것은 마치 내 인생 전체가 사라진 느낌이기도 해요. 영화에서는 그것을 브론스키 장교가 안나에게 채워 주고 다시금 깨워 주는 역할을 하는 것이죠.

가장 달라진 것은 안나의 태도를 불륜이라 비난하거나 '어떻게 가정을 버리고 저럴 수가...'라는 생각을 하지 않는 제 자신이었어요. 안나가

인간적으로 느꼈을 외로운 마음, 인생의 공허함, 남부러울 것 없는 일상 앞에 빈 구멍을 깊이 공감할 수 있었지요.

그리고 처음으로 톨스토이의 책을 읽어 보고 싶다 생각했어요. 그렇게 책으로 읽게 된 안나 카레니나는 정말로 훨씬 좋았어요. 톨스토이의 작품을 이제야 제대로 읽어 보는 것이 부끄러울 정도로 그의 섬세한 표현과 문체는 구구절절 제 마음속에 문장을 새기고 있었죠.

"그녀는 어둠 속에서도 자기 자신의 눈빛이 보이는 것 같았다."

"나는 안정이니 하는 것은 모릅니다. 그러니 물론 당신에게 그것을 드릴 수도 없습니다. 난 절망과 불행 그렇지 않으면 행복, 끝없는 행복, 이 둘의 가능성을 볼 뿐입니다."

"그런데도 어머니만은 그를 마치 가장 친근한 벗이라도 되는 듯이 보고 있다는 것을 뚜렷이 느끼고 있었다."

톨스토이는 결국 인간은 어떤 상황 속에서도 성장한다라는 이야기를 하고 싶었다고 해요. 그 말은 제게 굉장히 새로운 위로였죠. 모든 상황이 가치 있어지는 순간이기도 했어요.

장교와의 사랑이 더욱 깊어질수록 안나의 불안한 심정과 집착은 더해졌죠. 찬란히 빛나던 새로운 사랑은 진짜일 것 같고 영원할 것 같았는데 그것 또한 빛을 잃어 갑니다. 그녀는 마치 커다란 집의 가구처럼 요동

치지 않고 아무 일 없이 지낼 때보다 더 불행하고 더 외로워 보였어요. 결국 그녀는 마지막에 죽음을 선택하죠. 그녀의 괴로운 마음이 끝이 나는 지점이기도 하고요. 안나의 심정을 따라 장면 장면을 읽는 내내 쇼스타코비치*의 〈재즈 모음곡〉에 담긴 왈츠 선율이 떠올랐어요. 불안하고 행복하고 다시 불안하고 행복하고 결국 불안하고 행복한 그의 선율.

쇼스타코비치는 러시아가 사회주의 물결로 가득하던 시절에 활동했던 예술가로, 그는 국가의 사상을 강요당하기도 했으며 그의 작품들은 검열을 통해 발표되지 못한 적도 있습니다. 그 시대에는 정치적 사상이 예술을 지배하던 시기였으니까요. 그래서일까, 그의 교향곡을 들어 보면 무겁고 투쟁적이며 슬픔과 분노로 차 있지요. 하지만 재즈 모음곡 중 한 곡인 〈왈츠 2번〉은 달라요. 왈츠 2번의 선율은 가장 솔직한 그의 마음을 담고 있는 것처럼 자유롭고 아름다워요. 무척이나 많은 이들의 사랑을 받고 있는 곡이기도 하지요.

안나 카레니나에서 잊을 수 없는 페이지와 장면은 안나와 브론스키 장교가 무도회장에서 만나 춤을 추는 순간이었어요. 마치 이 세상의 모든 빛이란 빛은 둘에게만 허락된 느낌이었죠. 둘이 함께 만나 춤추는 장면을 보고 둘의 춤이, 사랑이, 세상이 끝나지 않았으면 좋겠다 바랐어

---

* 드미트리 쇼스타코비치(러시아, Dmitrii Dmitrievich Shostakovich, 1906-1975) : 20세기 음악사에서 다소 독특하고 중요한 역할을 한 러시아의 작곡가이자 피아니스트.

요. 그것은 쇼스타코비치의 왈츠를 들을 때면 제가 늘 하는 생각이기도 합니다.

✳ 리처드 용재 오닐의 연주로 쇼스타코비치의 〈재즈 모음곡 : 왈츠 2번〉을 들어 보세요.

Intermission

삶은

   여전히 어둡고

   때론 더 막막하며

   깨달음은 다시 사라진다.

하지만 그 순간에도

마음에는 음악이 있고 사랑이 있으려 한다.

To my beloved art

2부

예술의 마음

To my beloved art

내게 이 음표를 해석할 수 있는 귀와 마음이 있다니.

그들이 선율 하나하나에 부여했을 의미를 이해할 수 있는 음악적 견해가 있다는 것에 지나온 날들이 헛되지 않게 여겨집니다.

'지나온 날들이 헛되지 않게 여겨질 수 있는' 그 깨달음은 제 인생에 굉장히 중요한 터닝포인트로 작용하기도 합니다.

평생 음악을 듣고 연주하고 이해하고 사랑할 수 있는 마음을, 어떤 순간 모든 것을 내려놓았을 때 비로소 선물처럼 받을 수 있었던 것이지요.

To my beloved art

스물하나

연습과 고독 그리고 기적

제가 유학 시절 지냈던 도시는 독일의 프라이부르크라는 곳이었습니다. 남부 쪽에 자리 잡고 있는 곳으로 프랑스와 스위스의 국경과 마주한 곳이었지요. 기차를 타고 두 시간이면 프랑스와 스위스 어디든 갈 수 있었습니다. 비 오는 날이 많은 독일의 우중충한 날씨 속에서도 그나마 햇빛이 가장 많이 나는 밝은 도시이기도 했습니다.

독일에서의 일과는 새벽 여섯 시에 일어나서 학교에 가는 것으로 시작되었습니다. 새벽 시간 집을 나서면 어둠이 짙게 깔린 고요한 터널을 지나는 기분이 들었지요. 전차를 타고 창밖의 고요함을 뚫고 지나는 아침 시간, 매일 같은 길을 가지만 매일 다른 다짐을 하기도 했습니다.

연습을 할 때 했던 실수를 다시 돌이켜보며 오늘은 반복하지 말아야지, 그 부분은 조금 다르게 연습해 봐야지… 악보들을 펼쳐 보기도 하고 생각나는 것들을 적어 보기도 했지요.

준비된 마음으로 학교에 도착해야 그날의 연습이 순조로웠습니다. 미리 무엇을 할지 생각하지 못한 분주한 날은 연습 시간의 절반을 허비하다 오기도 했지요. 같은 곳을 수십 번, 수백 번 반복하기도 하는데 그때는 완벽해지기 위해서 틀리지 않기 위해서 전투적인 마음으로 연습한 것 같습니다.

하지만 아이러니한 것은 가끔 연주 때는 한 번도 틀리지 않던 곳에서 실수가 난다는 것이지요. 그럼 그때부터 새로 당황하기 시작합니다. 때론 너무 어이가 없어서 웃음이 나기도 하지요.

요즘도 연주나 녹음을 위해서 가끔 예전 유학 시절 쳤던 곡들을 꺼내어 연습할 기회가 있습니다. 악보 가득 빼곡히 적혀 있는 선생님의 글씨와 손 번호, 주의해야 할 것들로 가득합니다. 그리고 그 시절의 연습실 냄새, 공기, 방의 불빛 등 모든 것이 다 생각이 나죠.

다시 악기 위에 앉으면 그때의 전투적인 마음이 생겨나기도 합니다. 까마득히 잊어버렸던 마음들이 다시 새록새록 올라옵니다. 악보를 연주하는 순간 단순히 음표가 나열된 페이지가 아닌, 고군분투했던 날의 추억과 고독이 담겨 있는 하나의 인생을 다시 만납니다.

그리고 음악가들이 써 놓은 악보들을 보면 이 한 곡을 완성하기 위해 얼마나 고독한 시간을 지났을까 생각해 보게 됩니다. 그들이 집필하는 과정을 직접 보진 못했지만 떠올려 보게 됩니다. 쓰고 또 쓰고 지우고 또 지우고 머리를 쥐어뜯으며 괴로워하진 않았을까? 때론 하늘에서 누군가 불러 주기라도 하는 것처럼 쓱쓱 잘 써지기도 했겠지…

 어려운 그 과정을 포기하지 않고 완성의 결말을 가질 수 있었던 원동력은 무엇이었을까? 꼭 써야 할 이유가 있지 않았을까? 그것은 생계를 위함일 수도 있고 자신의 감정에 대한 고백일 수도 있고 때론 창의적인 생각을 표현해야만 살 수 있는 예술가의 마음일 수도 있겠고. 그들이 고뇌하며 담았을 하나하나의 음표들이 너무도 소중하고 귀하게 보이는 이유가 되기도 합니다.

 그리고 자부심이 생기기도 해요. 내게 이 음표를 해석할 수 있는 귀와 마음이 있다니. 단순히 도레미 음계를 읽는 것이 아닌 그들이 선율 하나하나에 부여했던 의미를 이해할 수 있는 음악적 견해가 있다는 것에 지나온 날들이 헛되지 않게 여겨집니다.

 '지나온 날들이 헛되지 않게 여겨질 수 있는' 그 깨달음은 제 인생에 굉장히 중요한 터닝포인트로 작용하기도 합니다. 연주자로서 성공한 삶, 유명한 국제 콩쿠르에서 우승한 삶, 세계 곳곳을 누비며 이름을 떨치는 대단한 삶은 아니지만 수많은 반복과 고독의 시간을 연습실에서 보냈던 어린 시절과 청춘의 시절에 대한 보상이 되기도 합니다.

 평생 음악을 듣고 연주하고 이해하고 사랑할 수 있는 마음을 어떤 순간 모든 것을 내려놓았을 때 비로소 선물처럼 받을 수 있었던 것이지요. 음악가들도 그렇지 않았을까요? 곡이 써지지 않아 끙끙 앓던 어떤 부분이 어떤 날 갑자기 또 확 열리듯이 채워지는 기적을 경험하는 일. 연습실에서 어려운 부분을 끙끙 앓으며 계속 붙들고 있던 지난날이 어떤 순간에는 축복의 시간임을 깨닫게 되는 일.

결국 지금의 삶을 긍정할 수 있게 됩니다.

피아니스트 백건우, 김태형, 김준희, 김선욱 네 명의 연주자가 함께하는 <라비냑 8개의 손을 위한 갤롭 행진곡>을 들어 보세요.
이들도 길고 긴 새벽 연습 시간을 지나온 연주자들이겠지요. 그들이 무대 위에서 함께 신나게 연주하는 모습을 보며 느껴 보세요, 어떤 해방을.

스물둘

커피 칸타타

아침에 눈을 뜨고 멍한 정신으로 거실 소파에 앉습니다. 한동안 고요한 아침 기운을 느끼고 다시 생각과 몸에 스위치를 켤 준비를 합니다. 그리고 커피를 마십니다. 커피 없는 하루는 언젠가부터 상상할 수가 없습니다.

아주 오래전, 바로크 시대에도 커피를 사랑하는 이들이 있었습니다. 라이프치히 도시에는 지금으로 말하면 카페라 할 수 있는 커피하우스가 생겨났고 사람들은 그곳에서 커피를 마시고 연주와 공연을 즐겼습니다. 커피하우스는 새로운 사교 문화의 장이 되었지요. 그곳에서 바흐의 〈커피 칸타타 BWV 211〉도 탄생하게 되었습니다.

"조용히 하세요! 이제 공연이 시작됩니다! 들어 보세요! 왜 아버지가 화가 났는지요!" 공연은 해설자의 목소리로 문을 엽니다.

딸이 등장하고, "애를 낳아 봐야 아무 소용없어! 그저 속상한 일만 생긴다고!"라며 화난 목소리로 노래를 이어 갑니다. 그리고 화가 잔뜩 난 아버지가 등장합니다. "당장 커피를 치워 버려! 커피를 마시지 마!"

커피를 끊으라고 강요하는 아버지와 커피를 끊을 수 없는 딸의 갈등을 유쾌하고 재미있게 담은 이 칸타타는 당시 사람들에게 큰 인기를 끌었습니다. 끊으라고 하면 할수록 더 달콤하게 느껴지는 커피, 그것은 딸에게는 행복이자 작은 탈출구였습니다.

바흐의 커피 칸타타를 들을 때마다 저는 저희 엄마가 생각납니다. 늘 엄마도 제게 커피를 끊으라 하시지요. 몸에 좋지 않다. 건강 나빠진다. 아침에 일어나서 커피 절대 마시지 마라... 커피를 마셨으면 따뜻한 물을 또 한 잔 반드시 마셔라... 하지만 엄마의 걱정 전화로 시작하는 아침에도 끊을 수 없는 커피입니다.

바흐 또한 무척이나 커피를 사랑했지요. 커피가 없으면 본인은 '말린 염소'에 불과하다고 말할 정도였다고 합니다. 커피와 예술은 그런 면에서 공통분모가 있는 것 같습니다. 커피를 통해 사색을 할 수 있고 사색을 통해 예술가는 창작을 할 수 있습니다. 그리고 그 창작은 다시 세상 밖으로 나와 많은 이들에게 울림을 전하지요.

예술을 사랑하는 이들은 함께 모여 생각과 작품을 나눌 공간이 필요했고 그곳은 바로 커피하우스였을 것입니다. 커피와 음악이 주는 기쁨을 이미 우리보다 앞서 알고 누린 사람들이지요. 커피 한잔을 기쁘게 마시는 것은 소박하고 평범한 일상을 잘 살아내는 것과도 닮아 있습니다. 커피 잔을 고르고 원두를 선택해서 커피를 내립니다. 그리고 커피향을 고스란히 온몸과 마음으로 느껴 보지요. 그리고 첫 모금, 그 순간이 가장 행복한 시간입니다.

어떤 고난과 어려움이 와도 때론 커피 한잔이면 이겨 내고 다시 시작할 수 있을 것만 같지요. 커피 한잔으로 충분히 행복한 삶이라면 더 바랄 것이 없을 것 같습니다.

"커피 커피 커피, 커피는 어쩜 이리 맛있을까?
커피는 수천 번의 키스보다 달콤하고 와인보다 부드럽다.
커피 커피 커피, 커피는 어쩜 이리 맛있을까?"

아버지의 만류에도 딸은 커피를 사랑하는 마음을 담아 노래합니다. 바흐의 커피 칸타타를 들으며 커피를 사랑했던 바흐와 베토벤, 나폴레옹, 수많은 작가와 예술가들과 함께 커피하우스에 둘러앉아 담소를 나누는 순간을 상상해 봅니다.

네덜란드의 바흐 소사이어티의 〈커피 칸타타 BWV 211〉 공연을 만나 보세요. 커피 칸타타는 농부 칸타타와 함께 바흐의 세속 칸타타로서 신앙적인 이야기가 아닌, 세상의 이야기가 담겨 있습니다. 지금의 뮤지컬이나 오페라처럼 극으로 되어 있고, 바로크 시대에는 여자가 무대에 설 수 없어서 남자가 여장을 하고 공연하기도 했습니다.

존   루이스 씨께 스물셋

To my beloved art

안녕하세요, 존 루이스 씨.

제가 당신을 처음 만난 것은 어느 날 낮에 클래식이 나오는 라디오에서였답니다. 그날 당신의 연주를 들었던 순간을 잊을 수가 없어요. 공기는 차가웠지만, 하늘은 맑았고 정확히 낮 2시였던 것으로 기억합니다. 당신의 연주가 라디오에서 흘러나오는 순간 저는 온 세상이 당신이 수놓은 음표들로 가득해지는 것을 느꼈어요.

'이 세상에 이런 연주를 하는 사람이 있다고?'

음들이 살아서 춤을 추는 듯한 느낌이었습니다. 그 순간을 만난 것은 제게 운명이었습니다. 그 시간 이후로 당신을 아는 사람이 된 저는 가장 좋은 연주자와 가장 좋은 명음반을 가지게 되었습니다. 당신의 음반을 찾아서 사고 당신이 어디에 있는지를 한참 찾았습니다. 하지만 안타깝게도 당신은 이미 천국에 계시더군요.

공연장에 가고 싶다, 연주를 직접 듣고 싶다, 이 마음으로 당신을 발견하려 했는데 직접 당신의 연주를 들을 수 없음에 너무도 슬펐지요. 너무 늦게 당신을 안 것이 안타까웠습니다. 저는 당신의 음반을 수십 번 리플레이하면서 계속 들었습니다. 음반에 함께 녹음된 당신의 목소리도 들을 수 있었습니다. 연주를 할 때 음을 같이 흥얼거리며 따라가는 허밍을 들으며 당신이 연주를 하는 순간, 내가 당신의 연주를 들었을 때처럼, 행복했구나 생각했지요.

그러고 보면 영혼이 있는 좋은 연주는 연주자가 스스로의 연주에 감동하며 몰두할 때 비로소 듣는 이에게도 전해지는 것 같습니다.

당신을 직접 만나러 갈 수는 없지만 저는 당신의 연주 영상들을 보고 음반을 찾아 들으며 음악의 흐름과 선율을 노래하는 연주에 대해 생각해보게 되었습니다. 당신의 연주는 흘러가는 선율에 몸을 맡기고 참으로 유연하고 부드럽게 진행되지요. 힘을 빼고, 휘어지고 돌아오고, 자연스럽게. 모든 것이 자연스러운 연주였습니다.

당신이 살아 계신다면 저는 당신과 듀엣을 하고 싶어 찾아갔을지도 모릅니다. 함께 피아노에 앉아서 호흡을 맞추며 당신이 안내하는 선율에 동행하는 것이지요. 그 선율을 따라가다 보면 저도 좀 더 높은 예술의 경지에 올라 있지 않을까 싶어요.

존 루이스 씨, 당신은 제게 가장 특별한 음악가입니다. 언젠가 먼 훗날 제가 당신을 천국에서 만나게 된다면 당신의 음반을 가져가서 사인을 받겠어요.

부디 꼭 만나요.

with love, 임에스더 드림

존 루이스의 음반은 총 4장의 CD로 되어 있어요. 한 음반 안에 4장이 들어 있답니다. 저는 CD 2부터 듣고, 그다음 CD 1 그리고 CD 3, 4를 들어요. 그렇게 듣는 것이 바흐의 곡을 이해하는 데 더욱 좋았어요.
바흐의 평균율을 재즈의 색깔을 입혀서 새롭게 편곡했는데 과한 시도가 아니라 절묘하고 놀라운 해석이라 부르고 싶습니다. 피아노, 바이올린, 첼로, 더블베이스가 앙상블을 이루어 정말 아름다운 하모니가 이루어지지요. 제 인생 최고의 음반이라 하겠습니다.

스물넷   꽃과   음악실

'꽃을 두는 것이 어울리는 인생을 산다면 좋겠다.'

이 바람은 저에게 변치 않는 소망이기도 합니다. 꽃을 사랑하는 사람의 집이라면, 깔끔하고 정돈되어 있으며 하나하나 손길이 닿은 따스한 공간일 테니까요. 공간과 음악은 매우 중요합니다. 어떤 공간에서 어떤 분위기에서 음악을 들었는지, 누구와 함께 들었는지, 그것으로 그날의 음악이 오래도록 기억되기 때문이지요.

저는 아이들과 음악 수업을 할 때 늘 '공간'에 대해 이야기합니다. 우리가 마주앉은 한 공간에 무엇이 있는지 하나하나 둘러보며 이야기를 나누고 우리가 시간을 나누는 이 순간만큼은 이 공간이 오롯이 우리만의,

아이들의 음악실임을 이야기합니다.

그리고 공간을 그려 봅니다. 그 공간은 아이들이 꿈꾸는 음악실이지요. 하얀 도화지 위에 피아노가 있고 아이들의 피아노에는 항상 꽃이 있으며 악보와 책이 놓여 있습니다. 그리고 꼭 커피 한잔을 그려 주는데 아마도 그것은 저의 것인가 봅니다.

이어 작은 오디오가 있고 책장이 있습니다. 가끔 바이올린이나 첼로를 좋아하는 친구는 한 편에 악기가 그려져 있기도 합니다. 그리고 나무 책상과 연필, 색연필, 좋아하는 필기구들이 있습니다. 그곳에는 아이들이 저와 함께 만나 한 공간에서 나누었던 음악 풍경들이 담겨 있습니다.

언젠가 아이들이 커서 정말 이런 공간을 가지게 되지 않을까? 그럼 우리 아이들의 인생도 꽃을 두는 것이 어울리는 인생이겠구나… 생각합니다.

아이슬란드의 피아니스트 비킹구르 올라프손이 발표했던 곡, 〈라모의 The Arts and Hours〉 연주 영상을 보면 모두의 예술 공간이 담겨 있습니다. 올라프손은 피아노가 놓여 있는 공간에서 조용히 연주를 시작합니다. 프랑스 작곡가 장 필리프 라모의 곡에서 영감을 받아 작곡한 이 연주곡이 시작되면 화면은 다른 이들의 예술 공간으로 찾아갑니다.

그곳에는 오랜 시간 동안 사람들이 수집한 것들이 있습니다. 책, 로봇 장난감, 게임기 등 서로 다른 세 개의 캐릭터를 가진 이들이 등장합니다. 수집한다는 것은 사랑하는 일이고 그것은 그들이 가진 열정입니다. 남들에게는 보잘것없을지라도 또 누군가는 그런 것들을 왜 사랑하느냐고 말할지라도 예술은 우리에게 무언가를 한없이 사랑할 수 있는 자유와 행복을 선물하죠. 그들이 그 공간에서 자신이 사랑하는 예술과 함께 있는 순간의 표정들은 참으로, 행복해 보였습니다.

저에게도 'The Arts and Hours'를 담아 두는 공간이 있지요. 그곳에는 음악과 꽃이 있으며 나무 테이블에 커피 한잔이 놓여 있습니다. 그리고 좋아하는 작가의 책 한 권이 있습니다. 꽃은 매년 기다리면서 계절마다 만나는 종류가 있습니다. 특히 봄이 되면 작약이 저의 공간으로 찾아옵니다. 작약이 하루하루 서서히 만개하는 모습을 지켜보면 봄이 서서히 제 마음과 인생에 들어오는 기분이 듭니다.

예술을 사랑하는 인생이란, 억만장자가 아닐지라도 세상의 잣대로 나의 삶을 규정지을 필요 없는 풍요로움을 가지는 것입니다. 올라프손이 자신의 음반에 곡을 설명하며 써 놓았던 한 구절이 생각납니다.

"이 곡은 시간과 경과와 예술에 관한 것이다. 각자의 집에서 긴 시간 모았거나 오랫동안 열정을 가졌던 것들, 그것은 자신의 마음을 들여다보는 것이다."

어쩜 어떤 순간에 이르면 눈에 보이는 예술 공간에서 벗어나 진정한 예술과 시간이 공존하는 곳은 우리의 내면이 될지도 모르겠습니다.

부디 그런 날이 왔으면.

비킹구르 올라프손이 연주한 〈라모의 The Arts and Hours〉를 감상해 보세요. 오랜 열정과 사랑이 담긴 풍요로운 공간이 등장합니다.

스물다섯　　　　　　　　　**새벽의　　글쓰기**

저는 늘 새벽 시간에 일어나 모두가 잠든 시간에 글쓰기를 합니다. 이상하게도 모두가 깨어 있는 순간에는 글이 써지지 않아요. 세상이 완벽히 고요해진 시간, 나 혼자 된, 철저히 고립된 느낌이 들어야 내 인생의 여러 순간이 보이고 장면들이 스쳐지나가고 마음에 물결이 일어 무언가 끄적일 수 있는 마음이 생겨납니다.

　연습도 그랬던 것 같습니다. 새벽 시간 조용한 때, 홀로 악기 앞에 앉아 가장 어려운 부분을 다시 꺼내 그때 마주해야, 풀리지 않았던 구간이 해결되었지요. 연습과 글쓰기는 그런 면에서 닮았습니다.

　글도 마찬가지입니다. 술술 생각이 나서 써 낼 때도 있지만 어떤 지점에서는 생각이 정지되고 막혀서 무언가를 막 쥐어짜 내야 가능한 순간도 있습니다. 종이 한 장을 채우는 일도, 악보를 읽는 일도 무엇 하나 순탄하진 않습니다. 순간순간의 고뇌와 노력이 모여 하나의 결과물을 완성하는 것이죠.

에릭 메이슬이란 작가의 책 『보헤미안의 파리』(북노마드, 2008)에 보면 그가 글쓰기를 위해 감당했던 매일의 꾸준함이 일상에 담겨 있습니다. 그리고 그것을 그는 모두 기록으로 남겼습니다. 어떤 진전이 있었으며 무엇이 부족했으며 어떤 결과물이 완성되었는지.

매일 같은 시간, 같은 장소에서 꾸준한 글쓰기로 시간을 보내는 일. 그 시간은 나와의 약속이기에 반드시 지켜야 하는 것도 아니며 때론 한없이 게을러지고 싶은 순간도 있었겠지요. 하지만 그는 무엇인가를 이루기 위해 반드시 성실한 노력이 필요함을 이야기합니다.

그는 오르세 박물관을 아침 9시에 가면 조용한 공간에서 작품 하나하나를 음미할 수 있지만 낮 3시에 가면 수많은 관광객으로 붐비는 시장통이 되어 버린다고 이야기합니다. 즉, 9시에 바라본 그곳과 3시에 바라본 그곳은 전혀 다른 예술 공간이 될 수 있습니다. 아침 9시에 간다는 것은 헌신이 깃든 행동이라 말하고 있지요.

저는 갈수록 시간을 내어 음악을 듣고 책을 읽고 무엇인가를 생각하고 발전하는 일이 얼마나 힘든지 깨달아 갑니다. 바쁜 하루를 보내고 나면 그저 누워 있고 싶고 꼼짝도 하기 싫죠. 소파에서 한번 일어나기도 어렵습니다. 때론 설거지도 하기 싫어 저녁 먹은 그릇들을 하나 가득 쌓아 놓을 때도 있지요. 결국 언젠가는 해야 하는 일이건만 미루어 둡니다. 집안일에도 상당한 헌신이 필요함을 느끼지요.

예술가들을 보면 그저 재능이 뛰어나서 잘되었나 보다 싶을 수도 있지만, 그들에게는 한결같은 헌신과 노력이 있었습니다. 반복된 연습과 실수를 거듭하며 나아가고 나아가는 것이지요. 우리가 아는 유명한 음악가들과 연주자들도 모두 수많은 밤을 고민하고 괴로워하고 힘들어했을 사람들입니다. 다만 그들은 포기하지 않고 마침내 좋은 결과물을 세상에 선물한 사람들이겠지요. 그래서 우리가 이토록 기쁘게 예술 작품을 즐길 수 있도록 해 주고요.

새벽 글쓰기가 힘들고 귀찮아질 때는 늘 에릭 메이슬의 문장을 떠올립니다.

"오르세를 아침 9시 30분에 가느냐 아니면 오후 3시에 가느냐에 따라 하루가 아니라 세상이 다르게 보일 수 있다. 9시 30분에 가는 것은 헌신이 깃들어 있는 행동이다."

그리고 정신을 차리며 하얀 종이 위에 무엇인가를 써 내려갑니다. 몇 번이나 다시 헤맬 글을 말이지요.

미국의 작곡가이자 피아니스트 필립 글래스의 음악을 만나 보세요. 푸른 새벽을 지나 우리가 찾는 빛의 이상향으로 데려다주는 느낌이 듭니다.

북극을 위한 엘레지 스물여섯

얼음과 눈으로 뒤덮인 산과 바다 빙하들로 가득 찬 그곳에 커다란 그랜드 피아노가 있습니다. 그리고 피아노에서 한 명의 피아니스트가 〈북극을 위한 엘레지〉를 연주하고 있습니다. 그의 이름은 루도비코 에이나우디. 바람은 세차고 얼음들은 계속 녹아내립니다. 그의 연주는 대기 속으로 스며들어 갑니다.

환경 단체 그린피스와 함께한 이 프로젝트는 빙하가 계속 녹아 생기는 기후 이상과 여러 바이러스로 지구와 사람들을 위협하는 자연 파괴의 심각성을 알리고 있습니다. 신이 주신 자연이란 거대한 선물을 우리는 잘 보존하지 못한 채 파괴하고 있음을 알립니다. 그렇게 아파하는 자연을 주

목하도록 하기 위해 한 피아니스트는 차가운 얼음 바다 위에서 피아노를 연주합니다.

저는 이 영상을 처음 보았을 때 정말 용감하다 생각했습니다. 빨개진 손끝으로 건반을 누르며 북극에게 보내는 그 아름다운 노래는 마음이 참으로 아렸습니다.

예술가가 사회적인 메시지를 전하는 방법은 참으로 아름답습니다. 저는 그것이 예술이 사회에서 해야 할 몫이라 생각합니다. 부드럽지만 사람들의 마음을 움직이는 힘이 있는 이야기를 세상에 전하는 것. 예술만이 할 수 있는 일이라 생각합니다. 그곳에 가서 연주를 한다고 당장 무엇인가 변화되고 세상이 깨끗해지고 기적이 일어나는 것은 아니지만 그의 연주를 통해 우리는 조용히 환경에 대한 생각을 해 보게 됩니다. 평소에 익히 들었지만, 마음으로 느끼지 못했던 것을 그의 피아노를 통해 마음으로 공감하게 되는 것이지요.

그리고 작은 실천이라도 오늘부터 제대로 하고 싶다고, 그렇게 무관심했던 무엇인가에서 다짐이란 새싹이 돋아납니다.

'예술이란 무엇일까?' 질문을 던지고 생각해 보면 자기표현만을 위한 것이 예술의 전부는 아닌 것 같습니다. 사람들이 어렵게 생각하는 주제를 좀 더 와닿게 전할 수 있으며, 사는 것이 바빠 미처 관심 두지 못했던 어떤 화두를 가장 친절한 방법으로 전해 주는 것이 예술이 가진 힘이 아닐까 생각합니다. 개인의 만족과 행복의 형태로서 하나의 모습을 띤 예술이 있었다면 언젠가 어떤 방법으로든지 더 큰 곳으로 더 많은 이들에게

닿는 예술의 모습이 최종적인 이상이 아닐까 싶습니다.

더 나아가 예술이 사회적 약자를 찾아가야 하고 그들의 고통과 아픔을 나누어야 한다고, 예술을 사랑하는 이들은 이야기합니다. 그런 이야기들을 읽고 들을 때 저는 한없이 좁은 저의 생각을 탓하게 됩니다. '나는 그저 나만 생각했는데.' 이런 좁고 이기적인 마음에서 조금은 넓은 생각으로 나아가게 됩니다. 주변의 어려움들을 둘러볼 마음의 여유가 내게 있다면, 그들의 고통을 헤아리고 공감할 능력이 내게 있다면, 그것이야말로 내 삶이 더욱 풍요로워지는 방법이 아닐까 생각해 봅니다.

루도비코 에이나우디가 차가운 공기로 덮인 그곳에서 연주를 마치고 손을 천천히 피아노에서 들어 올릴 때 북극의 세계와 마지막 코드의 울림이 오묘하게 섞이는 것을 느낄 수 있습니다. 굉장히 오랜 시간 마지막 코드의 울림을 느끼고 연주를 마무리하지요. 그 광대한 공간에서 루도비코의 연주가 세계 곳곳에 가닿기를 바라는 마음이 느껴졌습니다.

한없이 넓은 대자연에 비하면 작은 피아노 연주 소리일 뿐이지만 그의 연주를 듣고 본 사람이라면 누구나 북극을 위해 함께 울어 줄 수 있는 용기와 사랑을 가질 것입니다.

그것이 바로 예술이 가진 진정한 힘이라 생각합니다.

루도비코 에이나우디가 연주한 〈북극을 위한 엘레지〉를 감상해 보세요.

사랑하는 엄마에게

음악을 전공하면서 제 주변에서 가장 힘들었던 사람은 누구일까? 떠올려 보면 바로 엄마가 아닐까 싶습니다. 엄마는 자신의 인생을 저의 인생에 기쁨으로 내어 준 사람이죠. 레슨을 가는 길, 연습을 하는 어두운 밤과 새벽, 공부를 하는 일, 콩쿠르에 떨어진 순간, 콩쿠르에서 상을 탄 순간, 대학교에 입학한 날, 유학을 떠난 날, 독주회를 하던 날, 결혼식의 순간, 출산의 순간, 아이를 키우는 순간들...

돌이켜보면 크고 작은 순간들에 엄마는 늘 제 곁에 함께하셨습니다. 그 순간들에는 슬픔과 기쁨이 공존했지요. 그리고 그 모든 순간에 엄마는 제게 다정하고 따뜻한 존재였습니다. 음악을 관두고 싶어서, 학교를 관두고 싶어서 다른 길을 선택하겠다고 얘기해서 엄마와 갈등을 겪을 때도 있었지요.

하지만 서러운 감정이 폭풍처럼 쏟아지는 순간들에도 엄마는 제게 늘 울타리 같은 사람이었습니다. 제가 결혼을 하고 아이를 키우며 엄마를 매 순간 더 많이 떠올리게 되는데, 그럴 때마다 저는 엄마에 비하면 한없이 부족한 사람이라 느끼게 됩니다.

엄마란 존재는 가까이 있어서 때론 소중함을 잊어버리는 사람이기도 합니다. 늘 곁에 있으니, 늘 항상 그럴 거야 그렇게 생각되지만, 저도 나이를 자꾸만 자꾸만 먹어 가니 영원한 것은 없다는 것을 깨닫게 됩니다. 특히나 요즘, 우리에게 주어지는 모든 순간이 영원하지 않을 것임을 느끼고 있습니다.

얼마 전, 엄마 생신이셔서 가족이 함께 모여 식사를 했습니다. 음식점에서 준비해 준 빈대떡 케이크에 초를 꽂고 함께 생일 축하 노래를 부르고 사진을 찍었습니다. 그날의 엄마, 아빠의 모습이 참으로 곱고 아름다우셨습니다. 비록 찰나의 순간이었지만 오래오래 기억하자 마음에 담아 두자 생각하였습니다.

그러고 보면 우리가 일상 속에서 1년에 몇 번씩 부르는 아주 일상적인 노래들에는 수없이 많은 사랑의 시간이 담겨 있습니다. 별생각 없이 그저 자연스럽게 부르는 곡이지만 그 선율에는 우리 인생의 페이지들이 고스란히 담겨 있습니다.

제가 아이를 키우며 일상적으로 많이 불렀던 노래 중에는 〈섬집아기>도 있습니다.

> "엄마가 섬 그늘에 굴 따러 가면
> 아기가 혼자 남아 집을 보다가
> 바다가 불러 주는 자장 노래에
> 팔 베고 스르르르 잠이 듭니다"

아이가 어렸을 때 제발, 잠이 들었으면 좋겠다고 생각하면서 수도 없이 흥얼거렸던 자장가지요. 가사를 넣어서도 불렀다가, 허밍으로도 불렀다가. 때론 노래를 부르다가 아이보다 제가 먼저 잠이 들었던 짠한 추억들이 있습니다.

그 모든 시간 속에도 우리에게는 엄마가 있었습니다. 간단한 선율을 가진 섬집아기이지만 큰 감동을 주는 연주곡이 되기도 합니다. 바로 용재 오닐이 연주해 주는 순간이지요. 용재 오닐은 비올리스트입니다. 비올라는 바이올린보다 조금 더 크고 목소리가 낮은 악기로, 바이올린과 첼로 사이에 있는 현악기 중 하나입니다. 비올라의 목소리는 우리에게 안정감을 주고 엄마의 품처럼 포근함을 느끼게 하지요.

특히 용재 오닐은 비올리스트로서 독주자의 삶을 살며 대중들에게 큰 사랑을 받아 왔습니다. 그는 어린 시절을 떠올리며, 비올라 레슨을 받으러 먼 거리를 다녔었는데 그 순간이 가장 기억에 남는다 했습니다. 그 길이 없었다면 지금의 자기는 없었을 것이라 말했습니다. 미국에서 대학을 졸업하고 한국에서 연주자로 활동하며 우리가 일상에서 듣거나 불렀던 노래들을 많이 연주해 주며 비올라를 많이 알렸지요. 비올라를 몰랐던 사람들도 사랑하게 만들었습니다.

일상 속에서 아무 생각 없이 불렀던 노래들도 그가 연주하면 더 애틋하고 괜스레 눈시울이 붉어지면서 잊고 있었던 마음들이 하나둘 피어납니다. 용재 오닐의 연주에는 그런 힘이 있습니다. 그것은 바로 예술의 힘이며 시간을 붙잡아 두는 예술의 마법인가 봅니다.

엄마에게 미처 전하지 못했던 마음들을 용재 오닐의 선율 위에 담아 편지로 전해 보아도 좋겠습니다. 바쁜 일상 속에서 잠시 멈추어 서서 편지를 쓸 수 있다면 그것만으로도 우리는 예술 안에서 충분히 사랑이 넘치는 인생을 살고 있다 말할 수 있을 것입니다.

혹여나 엄마가 멀리 계셔서 전할 수 없다면 편지에 마음을 담은 뒤 서랍 가장 깊숙한 곳에 넣기를 바랍니다. 아주 오래 뒤에 우리가 더 나이 들었을 때 발견할 수 있기를 바랍니다. 그리고 할머니가 되어 다시 섬집아기를 들으며 사랑을 기억했던 순간을 떠올릴 수 있기를 소망합니다.

🔖 라디오 부스에서 라이브로 연주한 리처드 용재 오닐의 〈섬집아기〉 연주를 들어 보세요.

스물여덟 **막스 리히터의 자장가**

저는 굉장히 오랜 시간 불면증을 앓았습니다. 밤에 잠이 들 수 없어서 괴로운 나날들을 경험했지요. 잠을 잘 수 없으면 하루의 균형이 무너지고 제 몸과 마음이 무기력해지곤 했습니다. 뜬눈으로 밤을 지새울 때도 있었고 잠을 자도 깊은 잠을 자지 못한 채 멈추지 않는 수많은 생각들로 괴로워하기도 하였습니다.

계속 심해지는 불면증으로 병원을 찾아서 의사 선생님과 이야기를 나눈 적이 있습니다. 선생님은 제가 밤에도 계속 머릿속으로 일을 하고 있다고 하셨습니다. 쉼을 갖지 못하고 계속 제가 가진 연료를 쓰고 있다는 표현을 하셨지요. 더불어 불안증도 함께 왔는데 주어진 일상적인 일들을 감당하기 어려운 마음들이 저를 엄습하고 있었습니다. 하지만 해야 할 많은 일들이 쌓인 현실에서 저는 그것을 모른 척 넘긴 채 계속 나아가고만 있었습니다.

이 시대의 현대인들은 모두 다 저와 같은 마음의 병을 가지고 살고 있지 않을까 합니다. 증상은 달라도 저마다 말 못할 크고 작은 어려움들이 있으리라 생각합니다.

막스 리히터는 그런 우리를 위해 수면 음악을 만들었습니다. 현대인들을 위한 자장가라고 할 수 있겠습니다. 그의 음악앨범 〈Sleep〉은 8시간 20분 동안 재생됩니다. 부드럽고 조용한 멜로디의 전자음을 시작으로 같은 패턴의 선율들이 서로 다른 목소리로 우리를 깊은 밤의 시간으로 이끌어 줍니다. 현악기들이 나지막이 연주되기도 하고 깊은 잠에서 깨어 아침을 맞이할 때는 가사 없는 여성 보컬의 목소리가 저 멀리서 들려옵니다.

긴긴밤, 같은 지평선을 바라보며 들은 그의 음악은 우리가 잠이 들었다가 다시 깨어나기까지 우리 곁을 지키고 함께 밤을 지새워 줍니다.

그의 음악을 듣다 보면 더 이상 잠이 들고 들지 않고는 중요한 문제라고 여겨지지 않습니다. 그저 나의 고통을 이해하고 '그래, 그럴 수 있어.'라고 말해 주는 친구가 있는 것으로 충분해집니다. '잠이 오지 않아.'라고 했을 때, 네가 아직 고생을 덜 해서 그래, 낮에 몸을 좀 더 피곤하게 만들어 봐, 네가 아직 덜 힘든 거야, 배부른 소리 하고 있네... 그렇게 나의 문제를 업신여기지 않고, 막스 리히터의 음악은 '널 이해해.'라고 말합니다.

클래식 음악은 다양한 형태로 변해 왔습니다. 바로크시대부터 고전시대, 낭만시대, 근대시대를 지나 현대에 이르기까지 계속 그 시대 사람들의 요구와 상황, 현실과 이상에 맞게 여러 가지 다른 형태로 변모했습니다. 그리고 오늘날 현대음악 키워드는 '위안과 치유'인 것 같습니다. 음악이 우리 곁에서 해야 하는 일은 바로 막스 리히터의 음악처럼, 현대인들의 곁에서 함께 지내며 다정한 사랑을 전하는 것이라 생각됩니다.

우리가 바흐를 추억하듯이 훗날, 200년, 300년이 지난 후에 후대의 사람들은 막스 리히터를 기억하고 음악을 찾아서 들어 볼 것입니다. 그리고 그의 〈Sleep〉 앨범을 꺼내 들고 자장가를 함께 들어 보자고 말할지도 모르겠습니다. 우리가 오늘날에도 브람스의 자장가를 연주하고 듣고 있는 것처럼 말이지요.

그때 불면증으로 병원에 가서 진료를 받고 처방을 받은 내용은 이러했습니다. "이 몸을 가지고 어떻게 살아요? 우선 매일 달걀과 소고기를 먹어요. 운동도 하지 마요. 그저 시간이 되면 10분, 20분이라도 잠시 걷는 정도로 시간을 보내요. 그냥 몸을 움직인다 이 정도로 생각해요. 무엇인가 해내야 한다는 부담을 갖지 말아요. 자기 전에 족욕을 해 봐요. 그리고 너무 힘든 날에는 처방해 주는 약을 먹어요. 괜찮아요."

그때 의사 선생님과 작은 방에 마주앉아 나눈 이야기는 제게 큰 힘이 되었습니다. 낫기 위해 애쓰지 말라, 완벽한 잠을 이루기 위해 또 나를 괴롭히지 말라는 이야기였습니다. 그리고 선생님이 마지막에 말씀해 주신, "괜찮아요."가 저의 불안한 마음을 위로했습니다.

원인을 찾아 제거하면 좋겠지만 때로 어떤 문제의 상황들은 원인조차 불투명합니다. 불면증을 앓게 된 그 시간부터 저는 잠이 오지 않는 밤들을 그저 나의 일부라 생각하기로 했습니다.

지금도 저는 잠이 오지 않는 밤과 함께 살고 있습니다. 함께 포근한 이불을 덮고 말이지요.

✉ 막스 리히터의 앨범 〈Sleep〉과 그가 재해석한 비발디의 〈사계〉, 그리고 그의 인터뷰 영상을 추천합니다.

· Sleep

 · 사계

· 인터뷰

스물아홉   뉴욕   소네트

뉴욕의 작은 아파트에는 할아버지 피아니스트가 한 분 살고 계십니다. 할아버지의 집에는 오래된 그랜드 피아노가 놓여 있고 곳곳에 예쁜 램프들이 놓여 있습니다. 램프는 방 안을 따뜻한 분위기로 만들어 줍니다. 한쪽 벽면에는 책이 가득하고 접이식 침대이자 푹신한 소파가 놓여 있습니다. 할아버지는 그곳에서 사람들에게 음악과 인생 이야기를 나누고 계십니다.

세이모어 번스타인 할아버지를 알게 된 것은 영화를 통해서였습니다. 영화배우 에단 호크가 제작한 이 다큐멘터리는 제게 많은 울림을 주었습니다. 어떤 날 우연한 자리에서 에단 호크는 세이모어 번스타인을

만나게 되고 평소 자신이 가지고 있었던 무대공포증에 관한 이야기를 나누게 됩니다. 그러다 번스타인에게도 같은 고민이 있었다는 사실을 알게 되고, 두 사람은 서로의 어려움을 나누게 되죠. 번스타인도 사람들 앞에서 연주할 때 굉장한 공포와 두려움을 가지고 있었던 것입니다.

그렇게 같은 종류의 어려움을 지내온 번스타인의 삶을 통해 에단 호크는 해답을 얻고 깊은 깨달음을 가지게 됩니다. 그리고 자신이 번스타인과의 대화에서 느꼈던 깨달음을 우리가 다큐멘터리를 통해 보고 들을 수 있는 기회를 열어 주었지요.

다큐멘터리는 번스타인 할아버지의 평범한 일상을 조용히 따라갑니다. 커피를 마시며 옛 제자와 이야기하시는 모습, 피아노 앞에서 연습을 하시는 모습, 자고 일어난 침대를 정리하시는 모습, 피아노 레슨을 하시는 모습 등 뉴욕의 한 예술가의 조용하고 담담한 삶을 계속 따라가지요. 그리고 그 안에서 세이모어 번스타인의 주옥같은 이야기가 들려옵니다.

"무대에 서는 게 편해졌던 것은 쉰 살이 되어서였어요. 그때야 내가 원하는 대로 연주할 수 있었어요. 아무한테도 말하지 않고 고별 연주회를 준비했어요. 대중을 상대로 한 마지막 연주였어요."

"안정적이고 행복한 삶의 비밀을 원하고 있어요. 당신 내면에 있는 영적 저장소를 들여다보세요."

"삶은 원래 갈등과 즐거움, 조화와 부조화가 공존하죠. 화음과 불협화음처럼요. 음악도 마찬가지예요."

"내 두 손으로 하늘을 만질 수 있다니 상상도 못 했던 일이에요."

"음악을 진지하게 연구하는 사람은 좀 더 나은 삶을 살 수 있어요."

 세이모어 번스타인 할아버지는 인생의 어려움을 극복해 가는 방법을 음악을 통해 알려 주며 우리가 자기 자신의 진정한 본모습을 찾고 알아 갈 때 비로소 모든 것이 일치하는 삶을 살 수 있다고 말씀하십니다.
 저 또한 예술을 전하고 음악을 가르치는 일을 해 가면서 늘 하는 고민이 '나는 과연 얼마나 예술과 일치하는 삶을 살고 있는가?'였습니다. '말로는 예술과 아름다운 삶에 대해서 떠들고 있지만 과연 내 삶은 그러한가? 나는 어떤 것을 추구하며 살고 있는가? 나는 그저 껍데기만 예술가인 척, 예술을 사랑하는 척, 허세와 허영심으로 가득하지는 않은가?' 그런 고민을 하곤 했지요.
 사람들 앞에서 무엇인가를 말하면 말할수록 오는 괴리감과 허탈감들은 어떤 순간에 저를 굉장히 부끄럽게 만들기도 했습니다. 인생과 예술을 이야기하며 내면의 아름다움을 찾아야 한다 말하면서도, 사실 나는 내면의 아름다움이 무엇인지 알고는 있는가? 의문이 드는 순간들이 너무도 많았지요. 세이모어 번스타인 할아버지의 삶과 일상이 담긴 다큐멘터리 '피아니스트 세이모어의 뉴욕 소네트'를 보면서 하염없이 눈물이 나기도 했던 이유는 남루한 제 자신을 보았기 때문일 것입니다.

다정한 할아버지의 이야기가 마음속에 콕콕 맺히며 저는 생각했지요. 좀 더 나은 사람이 되고 싶다. 좀 더 예술을 사랑하고 나의 인생에 대한 진지한 탐구를 하는 구도자가 되고 싶다.

이번 생에서는 어려울 수도 있겠지만 말이죠... 그 언저리 어디쯤이라도 구도자의 길에 닿고 싶은 마음입니다.

다큐멘터리 '피아니스트 세이모어의 뉴욕 소네트' 메인 예고편을 만나 보세요.

서른

당신이 조금 더 행복했으면
좋겠습니다

음악 용어 중에 '템포'라는 단어가 있지요. 템포는 '시간'이란 말이에요. 시간, 그것을 우리는 음악 용어로 '속도'라 부릅니다. 음악이 완성되는 과정을 보면, 악보의 음계를 읽고 박자를 이해하고, 그다음에는 그 곡이 가장 멋지게 표현될 수 있는 속도를 찾아갑니다. 즉, 그 안에 숨겨진 음악의 가장 좋은 '시간'을 찾아 주는 것이 연주자가 할 일이겠지요.

다양한 템포를 설명한 단어들을 우리말로 번역해 보면 속도의 빠르기 앞에 '생기 있게'라는 말이 많이 들어갑니다. 즉, 템포란 무엇인가에 생명력을 주고 생기를 불어넣고 활력을 주는 마법이라 답하겠습니다.

아이들을 가르치다 보면 무조건 빠르게 치고 싶어 하는 친구들이 있습니다. 그럴 때마다 저는 '천천히, 느리게, 또박또박' 이 세 단어를 강조하지요. 악보를 완벽히 읽지 않은 상태에서 급하게 속도를 올리다 보면 음악은 엉망으로 어그러집니다. 그렇게 앞으로만 급급하게 달려가는 음악은 정말이지 듣기가 어렵습니다. 손이 아무리 빠르게 돌아가도 아무리 대단한 테크닉으로 쳐도 저는 그것을 음악이라 부르지 않습니다. 오히려 제시된 속도보다 못할지라도 천천히 자기만의 속도와 노력으로 연주하는 음악을 더욱 훌륭하게 생각합니다.

우리의 인생에도 음악처럼 템포가 있지요. 하루 중 내게 가장 아름다운 템포의 시간이 언제일까. 여기서 '아름답다'라는 것은 제가 제 자신으로 살 수 있는, 그저 천천히 시간을 보낼 수 있는 때가 언제일까를 말합니다. 저에겐 바로 아침 시간인 것 같습니다.

그때는 누군가에게 떠밀려서 빨리 가야 하지도 않고 누군가를 쫓아가려고 헉헉거리지도 않고 밀려오는 일들로 나를 짓누르지도 않는, 일정하고도 안정된 '템포'를 가진 시간이지요.

그리고 그 템포 안에는 강아지를 산책시키는 시간이 포함됩니다. 매일 아침 비가 오지 않는 한 일정한 시간에 저희 집 막내 구름이를 데리고 산책을 합니다. 구름이는 꽃 냄새 맡는 것을 좋아하고 흙 바닥을 매우 좋아합니다. 하지만 처음부터 구름이와의 산책이 순조로웠던 것은 아닙니다. 처음 산책을 갔을 때는 사람들이 지나만 다녀도 무서워했고 조금만 걷다가도 안아 달라 했습니다. 그때는 걱정이 앞섰지요. 우리 구름이는 너무 소심한가, 뭐가 문제지, 사회성이 없나... 등등.

그런데 그 모든 것은 시간이 해결해 주었습니다. 반복된 산책 시간으로 조금씩이라도 나가 보고 걸어가 보며 같이 천천히 움직이다 보니 어느덧 우리는 꽤 괜찮은 산책메이트가 되었습니다. 괜찮은 산책메이트란, 같이 발을 맞춰 걸어갈 수 있게 되었다는 뜻이지요. 우리에게 주어진 그 시간은 생기가 있는, 기쁨의 시간으로 채워졌습니다.

하나의 음악을 만나고 한 곡을 완성하는 일도 그러합니다. 이 악보를 내가 과연 읽을 수 있을까? 내가 끝까지 완성할 수 있을까? 악보를 받아서 들고 하나하나 읽어 가는 시간에 두려움과 걱정이 몰려오지요. 괜히 다른 사람의 연주 영상을 보고 들으며 좌절감에 빠지기도 합니다.

그런 생각들은 당장 버려야 합니다. 나의 템포 그대로 천천히, 하지만 꾸준하게 나의 악보 읽기를 해 나가야 합니다. 물론 악보 읽기의 과정에서 좋은 선생님을 만나고 도움을 받을 수 있다면 더욱 좋겠지요. 그러다 보면 어떤 지점에서 잘 완성된 나만의 생기 있는 음악을 만날 수 있게 될 것입니다.

산책할 때 구름이의 뒷모습을 보면 경쾌하고 즐겁게 걷습니다. 구름이의 걷는 템포는 알레그로 정도 된다고 하겠습니다. 알레그로란 '생기 있고 발랄한 빠르기로'입니다. 그때의 구름이의 리듬은 마치 세상을 다 가진 강아지처럼 흘러갑니다.

저는 오늘도 당신이 조금 더 '생기 있는' 인생을 살았으면 좋겠습니다. 그 생기 있는 인생에 우리가 나눈 음악과 예술 이야기가 작은 도움을 주었으면 합니다.

그래서,

당신이 조금 더 행복했으면 좋겠습니다.

 아서 프라이어의 〈휘파람 소리와 개〉를 들어 보세요. 끝까지 들어 보시면 강아지 소리가 들립니다.

 그리고 유쾌하고 재미있는 음악 이야기가 담긴 곡을 하나 더 추천합니다. 미국의 작곡가 르로이 앤더슨의 〈타자기 협주곡〉. 세상의 모든 소리가 음악이 될 수 있지요! 우리의 일상 안에서 음악을 찾아봐요! 리듬에 맞춰 즐겁게 살아 봐요!

서른하나   동경의   장소

우연한 기회에 SNS를 통해 연주 영상 하나를 보게 되었습니다. 한적하고 아름다운 시골길이었습니다. 어스름한 푸른 새벽이었고 누군가 양복을 입고 걸어와 피아노 앞에 앉았습니다. 그리고 연주를 시작했습니다. 그는 바로 유키 구라모토였습니다. 그의 피아노 연주가 새벽의 공기와 거리의 고요함을 끌어안고 선율이 되어 울려 퍼집니다.

또 어떤 날에는 집 앞마당에 피아노가 놓여 있고 또 한 명의 피아니스트가 나와 연주회를 엽니다. 그는 선우예권이었습니다. 그는 쇼팽과 모차르트, 리스트를 연주했지요. 관객은 열댓 명 정도 되었습니다.

마당의 나무와 꽃 그리고 적당한 바람이 음표와 함께 일렁이고 있었

습니다. 지평선 너머의 하늘과 밭, 그리고 아름다운 색으로 빛나는 세상은 너무도 비현실적으로 보였습니다. 장독대와 버들가지, 어디선가 들려오는 새소리까지 모든 것은 자연과 어우러져 아름다운 음악회를 채우고 있었습니다. 내가 사는 나라에 이렇게 아름답고 평화로운 곳이 있었던가가 새삼 느껴졌습니다.

직접 그곳, 연주 현장에 가 있지 않아도 영상으로나마 연주를 보고 듣는 것만으로 충분히 행복했습니다. 그 영상은 '오느른'이란 채널이었고, '구독'을 누르고 그곳에서 지내는 이의 삶을 계속 지켜보며 연주회가 열릴 때마다 참여했습니다.

방송국 피디였던 분이 어느 날 시골에 있는 폐가를 사고 그 집을 고치고 한적한 마을에서 살아가는 이야기를 연재하고 있었습니다. 집을 손수 고치는 이야기, 시골에서 산다는 것의 현실적인 이야기도 들려주었습니다. 그리고 그 현실과 함께 그곳에는 음악과 예술이 있었습니다.

그 시골집은 그날 이후로 제게 동경의 장소가 되었습니다. 내가 할 수 없는 어떤 것을 이미 실현하고 그곳에서 즐겁게 살아가는 이가 있다는 것에 위로가 되었습니다. 언젠가 그곳에 놀러 가고 싶은 소망 하나를 품게 되었습니다. 집주인 분께 반갑게 인사하고 싶은 마음이지요.

동경의 장소란 일상을 살아갈 때 큰 힘이 됩니다. 각박한 현실 속에서 마음속 그 장소를 떠올리는 것만으로도 위안이 되지요. '오느른' 채널의 영상들을 보며 문득 프랑스의 화가 반 고흐가 생각났고 그의 도시, '아를'(프랑스 남부에 있는 작은 시골 마을)이 떠올랐습니다.

고흐는 약 1년여 넘게 아를에서 지내며 300점의 작품을 남겼지요. 우리에게 유명한 고흐의 그림 대부분은 바로 그 도시의 곳곳을 담은 것이었습니다. 반 고흐 카페, 론 강, 노란 집, 해바라기, 프로방스의 추수 등 그는 아를의 곳곳을 그림으로 담아냈지요.

그가 남프랑스 작은 마을 아를에 가게 된 것은 대도시 파리와 맞지 않아서였다고 합니다. 고흐는 파리에 사는 예술가들을 철학도 없는 그저 가벼운 이들이라 여겼고 그런 겉치레와 허세에 신물을 느끼며 남쪽 끝 작은 마을로 떠납니다. 그리고 아를, 그 시골길에서 하늘과 태양, 금빛 세상의 평화를 만나게 됩니다.

어떤 날 친구가 프랑스 여행을 다녀왔다며 아를 이야기를 해 준 적이 있습니다. 친구는 고흐를 좋아해서 아를에 갔고 그곳에서 지내며 고흐의 그림들을 통해 그의 노란색이 무엇인지를 직접 느끼게 되었다고 했습니다. 버스를 타고 황금 벼밭을 지날 때 고흐가 본 것이 '아 이것! 이 황금빛 노랑이구나!'라고 강렬히 느꼈다고 했지요. 그것은 친구에게 평생 잊을 수 없는 예술 경험이라 했습니다. 그것을 보지 못했다면 고흐의 색감을 이해하지 못했을 것이라고요.

파리의 사람들을 피해서 기차를 타고 아를까지 열여섯 시간을 달려갔을 때 그의 마음은 어떠했을까요? 그 선택이 그의 인생에 어떤 페이지로 남을지 그때는 잘 몰랐겠지요. 그곳에서 그가 그토록 많은 작품을 남기리라 과연 생각했을까요?

기차를 타고 가는 그때, 그의 마음은 어쩌면 폐허와 같은 절망감만 가득했을지도 모르겠습니다. 하지만 아를에 도착했을 때 그의 눈앞에 펼쳐진 세상은 폐허가 아닌 축복의 땅이었지요. 그리고 예술가는 그것을 놓치지 않고 무궁무진한 캔버스에 담았습니다.

더불어 우리에게도 그 아름다운 세상을 남겨 주었습니다. 누군가는 폐가를 사고 집을 짓고 마당에 꽃을 심고 그곳에 예술이란 음악을 들여오고 온 마을에 음표를 채우는 일을 합니다. 누군가는 한 시골 마을의 아름다움을 색채로 기록하는 일을 합니다.

예술가란 얼마나 아름다운 사람들인가요. 이 세상의 모든 예술가가 오래오래 좋은 것만 보았으면 좋겠습니다. 그래서 우리에게 동경의 장소를 많이, 아주 많이 남겨 주었으면 합니다.

▪ 시골집 앞마당에서 유키 구라모토와 선우예권이 연주한 영상입니다. 감상해 보세요.

· 유키 구라모토 : 〈Dawn〉, 〈Meditation〉, 〈Lake Louise〉, 〈Romance〉

· 선우예권 : 쇼팽, 〈녹턴 op. 9-2〉, 모차르트, 〈피아노 소나타 No. 16 K 545〉, 리스트, 〈사랑의 꿈 No. 3〉

서른둘   빈   마음

오랫동안 했던 일을 요즘은 하나씩 정리해 가고 있습니다. 우선은 공간을 정리하는 일을 하고 있으며 매일 해 오던 일과들을 하나씩 지우는 일도 하고 있습니다. 마음과 몸에 쉼이 필요하단 신호는 이미 몇 년 전부터 제게 찾아오고 있었지요. 하지만 그것을 계속 모른 척했습니다. 그 이유는 여러 가지가 있었겠지만 보이지 않는 마음 따위는 어쩌면 우선순위에서 중요하지 않은 것이었는지도 모르겠습니다.

일터를 정리하고 수업을 하나하나 정리해 가며 포기에 대해서도 좀 더 관대해지려 합니다. '포기하자. 포기하는 것이 나쁜 것만은 아니야. 놓아주자.' 그렇게 말하며 하나씩 하나씩 제 인생에 공터를 만들어 가고 있

습니다.

제가 하는 일이 잘되는 것 같고 무척 바빠지고 조금은 뭔가 유명해진 느낌도 들고 어깨도 마음도 으쓱해졌던 시기가 있었습니다. 하지만 돌아보니 그런 순간들이 제 삶에 행복을 가져다주진 않았습니다. 오히려 일과 삶 속에서 균형이 맞지 않아 계속 혼돈의 시간만을 주었지요. 그 혼돈은 몸의 건강이 나빠지거나 내면의 우울함 등으로 표출되기도 했습니다.

안타깝게도 그런 순간마다 가장 중요했던 제 자신의 목소리는 무시되었죠. 가장 먼저 귀 기울여야 했던 목소리에 차마 그러지 못했습니다. 어떤 날은 거울 속 제 자신의 모습을 보면서 피곤함에 찌든 얼굴이 안쓰러워 보이기도 했습니다. 정신없고 분주하게 지나는 날들은 쌓이지 않고 모래알처럼 다 흩어져 버리는 기분이었지요.

그랬던 저의 내면을 그대로 악보에 담은 듯한 음악이 있습니다. 바로 에스토니아의 작곡가 아르보 패르트의 〈Spiegel im Spiegel : 거울 속의 거울〉이란 음악입니다.

명상의 음악이라고 불리는 이 곡의 작곡가 아르보 패르트의 선율은 매우 간결하고 명확합니다. 반복되는 간결한 선율 속에 우리의 현실에서 끝나지 않을 것 같은 슬픔과 고통이 담겨 있지요. 그의 슬픔과 고통은 소리를 지르고 꺼억꺼억 울며 표현하지 않습니다. 내면으로 삭이고 삭이고 집어넣고 차마 슬픔을 꺼내어 보지도 못하는 마음이지요. 꺼내지 못했던 그것을 마주할 기회를 비로소 음악을 통해 가지게 됩니다.

우리가 외면하고 보기 싫었던 깊숙한 내면의 세계를 아르보 패르트는 보아야 한다 말하고 있지요. 〈거울 속의 거울〉이란 연주곡은 가만히 내 자신을 직면할 수 있도록 합니다. 마침내 용기 내어 직면했을 때의 감정은 결코 두렵거나 무섭거나 절망적이지만은 않습니다. 아르보 패르트의 음악 안에서 마주한 나의 어두운 내면은 기꺼이 내가 따뜻하고 다정하게 안을 수 있는 용기를 가지라 합니다. 음악이란 공간은 안전하니 나의 모습을 있는 그대로 바라보아도 괜찮다 허락합니다.

저는 요즘 빈 마음을 가질 수 있다는 기대로 가득합니다. 놓아 버리면 아쉽고 바보 같은 포기일 거라 생각했던 것들이 오히려 반대로 잘한 선택이다 여겨집니다. 당연히 아쉬움이 없는 것은 아니지요. 그 선택지에서는 어쩔 수 없는 상황이 있었다 인정하고 받아들이기로 합니다.

기꺼이 기쁘게 놓을 수 있는 이유는 빈 마음을 통해 제가 10여 년 만에 삶의 균형을 찾고 가족과 함께 온전한 하루의 기쁨을 누릴 수 있게 되었다는 설렘 때문이기도 합니다. 나의 내면을 돌아보니 내 인생에 가장 중요한 우선순위도 자연스럽게 찾게 되었습니다. 바로 가족이지요. 가까이 있어 다 보듬지 못했던 마음들인데 지금 제게는 사랑하는 가족이 가장 중요함을 깨닫습니다.

우리는 살면서 많은 실수와 아쉬운 선택을 하곤 합니다. 이 모든 것들에는 분명히 확신이 있었고 자신이 있었지만, 인생은 결코 원하는 방향으로 흘러가지 않지요. 뜻하지 않은 방향으로 흘러가 버린 시간을 보상받을 수는 없지만, 빈 마음을 가지는 순간 그 모든 아쉬움을 긍정할 기회, 그리고 인생에 있어 뜻밖의 문을 다시 열어 줍니다.

조용히 공터가 생긴 인생에서 아르보 패르트의 음악을 묵상합니다. 아무것도 채우려 하지 않습니다. 빈 마음을 그저 가만히 품어 봅니다.

 아르보 패르트의 〈Spiegel im Spiegel : 거울 속의 거울〉 연주와 그의 다큐멘터리를 만나 보세요.

· 연주

· 다큐멘터리

서른셋　　　　　회심, 글렌 굴드의　　인생

글렌 굴드는 역사상 위대한 피아니스트 중 한 사람으로 꼽힙니다. 특히 그는 바흐의 곡을 완벽히 해석하여 많은 이들에게 인정받았으며 지금까지도 그의 바흐 음반은 명음반으로 불리고 있지요. 특히 그의 연주 중 바흐의 〈골드베르크 변주곡 BWV 988〉은 최고의 해석과 연주로 인정받고 있습니다.

젊은 시절 활발한 연주 활동을 하던 글렌 굴드는 어느 해에 돌연 무대 연주를 그만하겠다 선포합니다. 그리고 그는 스튜디오 안으로 들어가지요. 오직 음반 녹음 작업에만 열중하기 시작합니다. 영상으로도 남겨져 있는 그의 스튜디오 녹음 작업은 매우 인상적입니다.

그는 나이가 들면서 낮은 피아노 의자에 앉아 거의 악기에 매달려 피아노를 쳤지요. 그리고 그의 긴 손가락은 건반을 한없이 부드럽고 다정하게 어루만졌습니다. 재미있는 것은 골드베르크 변주곡의 주제곡 〈아리아〉를 들을 때 1955년 젊은 시절에 연주했던 곡과 26년 뒤 1981년 연주한 아리아의 분위기가 매우 달라졌다는 것입니다.

곡의 템포는 더욱 느려지고 음들 하나하나에는 오랜 머무름이 생겼습니다. 같은 곡이지만 세월이 흘러 연주자는 다른 느낌으로 곡에 새로운 해석을 입혀서 다시 우리 앞에 들려줬지요. 저는 1981년의 아리아 연주가 무척이나 좋았습니다. 1981년은 그가 생을 마감하기 바로 1년 전이었죠. 그때의 연주는 마지막 바흐의 녹음이었고 영상으로 우리가 만날 수 있는 그의 마지막 모습이기도 합니다.

화면 속 그는 늙고 머리도 빠지고 등은 더 굽어 있었지요. 하지만 그의 음악은 늙지 않았고 그의 음악은 더욱 풍성했으며 그의 음악은 더욱 아름다웠습니다. 예술은 결코 늙지 않는다는 것을 글렌 굴드의 연주를 들을 때마다 느끼곤 합니다. 글렌 굴드는 정신적으로 결벽증이 있어서 말년에는 더욱 힘든 삶을 살았다고 합니다. 완벽주의자적인 강박 때문에 그가 무대가 아닌 스튜디오로 들어가서 은둔의 삶을 산 것은 아닌가도 싶습니다.

하지만 그 덕분에 우리는 정말 좋은 음반들, 최상의 녹음을 거쳐 완성되고 담긴 작품들을 지금까지도 만날 수 있습니다. 좋은 연주자지만 녹음으로, 음반으로 남겨 주지 않아서 우리가 그만큼 누릴 수 없는 경우도 많기에 글렌 굴드에게 전 그 점이 참 고맙습니다.

　문득 저는 글렌 굴드를 떠올리며 '회심'이란 단어가 떠올랐습니다. '마음에 흐뭇하게 들어맞음.' 회심의 사전적 의미 중에서도 저는 그 문장이 글렌 굴드와 딱 맞는다 여겨집니다.

　세월이 흘러 그가 연주한 아리아는 그가 원하는 어떤 경지와 아주 흐뭇하게 딱 들어맞지 않았을까, 그래서 그리도 까다롭게 완벽함을 추구하며 자신을 괴롭히고 힘들게 한 예술가였지만 적어도 그가 생을 마감할 때는 편안히 눈을 감지 않았을까 합니다.

🎨 글렌 굴드가 연주한 〈골드베르크 변주곡 BWV 988 : 아리아〉를 시간의 흐름과 함께 감상해 보세요.

· 1955년

 · 1981년, 스튜디오

예술가의　뮤즈

서른넷

To my beloved art

　　예술가들에게는 늘 사랑하는 대상이 있었습니다. 그리고 그 대상으로부터 영감을 받기도 했지요. 특히 화가들은 자신이 사랑한 여인들을 그리기도 했고 그들과 함께했던 사랑의 시간에서 세기의 작품이 나오기도 했습니다.

　　음악가들도 마찬가지였지요. 사랑하는 이에게 바치는 세레나데를 작곡하기도 했고 짝사랑하는 이에게 글로 다 전하지 못한 마음을 음악 편지로 전하기도 했습니다. 영감을 주는 뮤즈는 꼭 사랑하는 이성만을 말하지 않습니다. 악기와 사랑에 빠지거나 또는 연주자가 좋아서 그 악기를 위한 곡을 작곡한 음악가들도 있지요. 우리에게 알려진 일화 중 작곡가들의 뮤즈로 자주 등장하는 악기는 바로 클라리넷입니다. 클라리넷은 목관악기로 숨을 불어넣어 소리를 내지요. 부드럽고 다정한 소리가 납니다.

모차르트는 오스트리아의 클라리넷 연주자 안톤 슈타들러(Anton Stadler, 1753-1812)의 연주를 듣고 큰 감동을 받습니다. 둘은 친구가 되어서 우정을 나누었고 모차르트는 슈타들러를 위해 클라리넷 곡을 썼으며 슈타들러는 모차르트의 곡을 연주했습니다. 당시에는 클라리넷 곡이 많이 작곡되지 않을 때였는데 모차르트와 슈타들러 덕분에 우리는 아름다운 클라리넷의 선율을 더 많이 만나게 되었지요.

그렇게 세상으로 알려진 클라리넷은 이후에도 많은 작곡가의 사랑을 받았습니다. 아마도 클라리넷이 가진 둥근 목소리 때문이 아닐까 싶어요. 모나지 않고 둥글둥글 말랑말랑 잘 섞일 것 같은 유연함이 악기에서 표현되지요.

클라리넷과 사랑에 빠진 작곡가가 한 사람 더 있으니, 바로 브람스*와 클라리넷 연주자 뮐펠트(독일, Richard Muhlfeld, 1856-1907)의 음악 우정이랍니다.

---

* 요하네스 브람스(독일, Johannes Brahms, 1833-1897) : 후기 낭만주의 시대, 주로 비엔나에서 작곡가이자 피아니스트 겸 지휘자로 활동했다. 독일 음악의 전통을 이어받으면서도 옛 형식에 새로운 관념을 담아낸 그는 바흐와 베토벤에 이어 19세기 후반기에 가장 중요한 위치를 차지한 음악가 중 한 사람이다.

"뮐펠트, 당신의 연주는 정말 아름다워요. 그 누구도 당신보다 클라리넷을 아름답게 연주할 수 있는 사람은 없을 거예요. 나의 뮤즈, 나의 프리마돈나."

브람스에게 뮐펠트의 연주는 사랑하는 여인과도 같았지요. 뮐펠트는 남자였지만... 브람스는 그가 클라리넷을 연주할 때의 모습만큼은 아름다운 여신, 프리마돈나라고 부르고 싶어 했습니다. 낭만시대에 접어들면서 클라리넷 곡들은 실내악부터 교향곡까지 매우 다양해졌으며 브람스도 클라리넷 삼중주, 오중주, 소나타 등 약 4년 동안 클라리넷의 매력에 빠져 많은 작품을 썼습니다.

이후 클라리넷은 클래식뿐 아니라 재즈, 스윙 등 다양한 분야의 음악에서 크로스오버되고 있지요. 클라리넷은 어디에 가도, 잘 어울리는 뮤즈, 사랑받는 인기스타가 되었습니다.

살아오면서 내가 누군가의 뮤즈였던 적이 있었을까요? 누군가의 뮤즈가 된다는 것은 어떤 기분일까요? 또는 누군가 나의 간절한 뮤즈가 되었던 적이 있었을까요? '뮤즈'는 그리스 신화에 나오는 예술과 학문의 여신입니다. 시인과 예술가들에게 영감과 재능을 불어넣어, 예술의 여신이라 불리지요. 그렇다면, 제게 뮤즈는 누구일까요? 가만히 떠올려 보면 제가 사랑한 모든 예술가가 제 삶의 뮤즈가 아닐까 싶습니다.

'미드나잇 인 파리'라는 영화를 보면 주인공이 시대를 넘나들면서 많은 예술가를 만나요. 거짓말처럼 나타난 차를 타면 드뷔시가 살던 시대로, 또다시 차를 타면 헤밍웨이가 살던 시대로, 그러다 그곳에서 피카소의 연인이자 뮤즈인 아드리아나를 만나게 되기도 하지요. 영화를 보며 예술가들을 정말로 이렇게 다 만날 수 있다면 얼마나 좋을까! 주인공이 부러워지기도 했어요.

현실에서는 결코 만날 수 없을, 일어날 수 없는 이야기지만 뮤즈란 영원히 만날 수 없어도 영원히 사랑할 수 있는 존재가 아닐까 싶습니다.

브람스의 〈여섯 개의 피아노 소품곡〉 중 〈인터메쪼 op. 118-2〉를 클라리넷과 피아노의 연주로 들어 보세요.

아름다운 향기는   오래오래 남아   서른다섯

얼마 전 친구가 저의 공간에 어울리는 룸스프레이를 하나 선물로 주었습니다. 룸스프레이에는 이렇게 쓰여 있었어요. '뮤직 스튜디오'. 지나가는 길에 이 향의 이름을 보고, 제가 생각나서 샀다고 했습니다.

바로 뿌리지 않고 몇 주 정도 가만히 두고 궁금해했어요. 대체 '뮤직 스튜디오'의 향은 무엇일까? 이 향을 만든 사람들이 생각한 이미지는 무엇이었을까? 막연하게 꽃 향일까? 오렌지? 달콤한 초콜릿? 이런저런 상상을 펼쳐 봤지요. 그리고 드디어 열어서 공간에 뿌렸을 때, 고개를 끄덕이며 공감할 수 있었습니다. 짙은 나무 향이 느껴졌고 사치스런 장식을 뺀 우직하고 매우 간결한 향이 느껴졌습니다. 그 향은 파리의 '트루포 뮤

직 스튜디오'에서 영감을 받았다고 합니다.

"스튜디오는 탑층(5층)에 위치했고 1870년에 지어진 매우 오래된 파리의 빌딩이었다. 우리는 이 장소를 정말 사랑했고 창작했고 곡을 썼다."

그 향은 제가 추구해 가야 할 앞으로의 방향처럼 느껴지기도 했어요. 샤방샤방한 꽃 향도 좋지만, 세월이 흘러도 늘 변함없이 그 자리에서 묵묵히 자신의 일을 하는 사람, 화려한 인생은 아닐지라도 자신에게 주어진 몫을 최선을 다해 감당하는 사람, 그런 사람이 있는 공간에 어울리는 향이 바로 이것, 뮤직 스튜디오의 향이라 생각했습니다.

클래식 음악들도 마찬가지예요. 몇 백 년이 지나도 이렇게 우리가 이야기를 나누고 듣고 작곡가의 생을 궁금해할 수 있다니, 클래식 음악의 뿌리는 이토록 깊어서 그 향은 쉽게 날아가거나 사라지지 않는 것이지요. 유행을 따르지도 않고 그저 자신의 있는 모습 그대로 세상에 남겨져서 또다시 연주자들의 손길로 열매를 맺고 꽃이 피어나고 계절을 보내고.

그렇게 봄, 여름, 가을, 겨울 사계절 내내 다른 모습으로 우리와 함께 살아가는 것이 클래식 음악, 예술가들이 준 선물이지 않을까 싶습니다.

세월이 지나며 좋아하는 음악도, 향도, 인생의 모습도 계속 바뀌어 가지요. 그래서 때론 '지금 알고 있는 것을 이전에, 그때 알았으면 얼마나 좋았을까? 조금은 더 삶이 나아지지 않았을까? 조금 덜 서툴지 않았을까?' 그런 생각도 해 봐요. '더 잘 살고 있지 않을까?' 그런 생각들. 그러나 다 겪고 한바탕 소동을 경험해야 깨달음을 얻는 것이 인간이니 더 중요한 것은 받아들임의 차이다, 잘 받아들이고 나아가며 살자 다독여 봅니다.

친구가 제게 선물해 준 향을 만든 곳은 '로라 제임스 하퍼'라는 회사입니다. 파리에서 탄생한 회사로 오랜 시간 세계 곳곳을 여행하며 만난 소중한 친구와의 공간, 인상 깊은 순간들을 향으로 담고, 표현하고 싶었다고 해요. 향은 기억을 저장하는 장소인 거죠. 시애틀, 파리, 바르셀로나, 만홧가게, 친구의 집, 뮤직 스튜디오, 사탕 가게, 가구들이 가득한 상점, 비엔나의 숲, 친구의 정원, 랭커스터 대학캠퍼스의 영화관…

로라 제임스 하퍼의 창립자는 엘르와의 인터뷰에서 이렇게 말했어요.

"Little by little with Joy. 너무 애쓰지 않아도 좋아요. 한 단계씩, 조금씩 성장하는 당신의 순간을 즐겨 보세요."

오늘도 저만의 아틀리에 문을 열고 공간 곳곳에 오래된 파리의 녹음실에서 영감을 받은 '뮤직 스튜디오'의 향을 뿌리고 주어진 일들을 감사한 마음으로 해 나갑니다. 너무 애쓰지는 않되, 조금 더 좋아하는 일과 행복한 일을 계속 찾아보려 노력하면서 말이지요.

잊지 말아요.

Embrace what makes you happy.

당신을 행복하게 하는 것을 하라.

■ 피아니스트 손열음의 아름다운 연주를 만나 보세요. 트르네/바이젠베르크의 〈4월의 파리〉입니다. 샤를 트르네가 작곡한 샹송을 알렉시스 바이젠베르크가 편곡했습니다.

백반집 서른여섯

요즘은 동네 곳곳에 참 예쁘고 예술적인 공간들이 많이 생기고 있습니다. 좋다, 특별하다 여겨지는 곳들의 특징은 바로 정체성이 분명하다는 것입니다. 인테리어부터 콘셉트와 그 안의 내용물들 모든 것이 뚜렷한 색깔을 가지고 조화롭게 잘 어우러져 있다는 것이지요.

한남동이란 동네에는 제가 좋아하는 프랑스 식당이 있습니다. '에피세리꼴라주'라는 곳이지요. 동네에 문을 연 지 꽤 시간이 지난 그곳에는 늘 변함없이 맛있는 메뉴가 있고 음악이 있고 사람이 있지요. 그리고 그곳에 가면 늘 먹고 싶은 메뉴가 있습니다.

에피세리는 프랑스 파리 어느 골목의 사랑스런 저녁 풍경을 담은 느낌으로 가득한 곳입니다. 비록 이곳은 파리가 아닐지라도 잠시라도 프랑스를 꿈꾸게 하지요. 종종 그곳에 갈 때마다 저는 그곳을 운영하는 주인이 누구일까, 셰프는 누구일까 궁금했습니다. 무심코 던져 놓은 소품들도 그렇고 꽃들, 테이블보, 의자, 그리고 무엇보다 제가 좋아하는 음식의 맛을 만들어 내는 이 사람은 어떤 사람일까 알고 싶어졌습니다.

그런데 최근에 그곳을 운영하는 셰프이자 주인을 우연히 만나게 되었습니다. 뜻밖의 만남이었지요. 에피세리에 들러 저녁식사를 하고 있는데 누군가 다가와 인사를 했고 아는 얼굴이었습니다. 바로 고등학교 때 알고 지냈던 친구였죠. 그곳은 바로 그 친구가 운영하는 곳이었습니다. 정말 반갑고 신기했어요.

어떤 세월이 더해져서 그 친구는 이런 공간을 만들었을까? 어떤 세계가 이런 곳으로 안내했을까? 한자리에서 오래도록 공간을 지키며 나아간다는 것은 어렵고도 힘든 일인데 멋지다, 생각했지요.

친구는 자신의 식당을 '백반집'이라 표현했어요. 오며 가며 언제든 들를 수 있는 곳이라며. 세상에, 그런 예쁘고 분위기 좋은 백반집이 또 있을까... 모든 것이 쉽게 생겼다가 사라지는 요즘 세상에 자신만의 색깔과 정체성을 가지고 있는 고전적인 공간들이 자리를 지키고 변함없이 사람들로 북적였으면 좋겠습니다.

무엇인가를 오랜 시간 준비해서 세상 밖에 내보낼 때 그 안에는 내가 본 것이 있고 경험한 것이 있고 꿈꾸는 것이 있습니다. 예술가들이 저마다 아름다울 수 있는 것은 그들이 가진 정체성을 잘 보듬어서 세상 밖으로 용기 있게 꺼낸 사람들이기 때문이죠. 막상 그들의 작품을 꺼내는 순간에는 비판과 비난도 감수해야 했을 테고 공감 받지 못할 두려움도 있었겠지요. 하지만 예술가들은 그들의 자리에서 늘 변함없이 자신의 정체성을 찾고 지키며 작은 발전을 이루어 간 사람들입니다.

매일매일 먹는 일용할 양식처럼 클래식 음악과 예술도 그렇게 들어 보세요. 어렵다, 멀리 있다 생각하지 말고, 그냥 한 곡씩 가볍게, 한 명의 예술가를 다정한 마음으로 만나 보세요. 그들과 한 테이블에 둘러앉아서 맛있는 밥 한 끼 먹고 커피 한잔 마신다… 생각하며.

예술이 우리의 일상에 그렇게 같이 살게 되면 좋겠습니다. 그리고 보면, 클래식 음악과 예술이 함께 살아가는 우리들의 집이야말로 아주 특별하고 아름다운 백반집인 거죠.

 '미드나잇 인 파리'의 오프닝 영상을 감상해 보세요.

서른일곱 라디오북

저는 요즘 새로운 프로젝트로 '라디오북'을 만들고 있습니다. 어린 시절 제게 있었던 많은 꿈 중 하나는 라디오를 진행하는 사람이었어요. 늦은 밤까지 항상 라디오를 들으며 잠이 들었고 그곳에서 들려주는 이야기들, 음악들, 사람들과 함께하는 시간이 제게는 또 다른 힐링이었죠.

학교는 재미없었고 연습은 힘들었지만, 그 밤의 라디오는 제게 온전한 쉼과 사랑을 주는 친구였습니다. 그리고 언젠가부터 저는 라디오를 들으며 제 나름의 멘트를 써 보기 시작했어요. 오프닝멘트와 클로징멘트. 이렇게 매일매일 일기 쓰듯이 무언가를 써 나갔어요. 그리고 그 멘트와 잘 어울리는 음악들을 찾아서 연결하기 시작했지요. 그때는 컴퓨터의

자판기를 두드리는 것이 아닌 공책에 손으로 하나하나 다 써 나갔습니다.

그 공책을 아직도 가지고 있어요. 그 꿈들이 다 모여서 지금의 '라디오북'이란 프로젝트가 열리지 않았나 합니다. 글과 음악 그리고 저의 연주가 함께하는 라디오를 만들고 싶었고 그것을 한곳에 담아 집으로 보내 드린다 하여, 라디오북이라 부르게 되었지요.

글을 쓰고 그 글을 다시 읽어 보며 듣는 기쁨에 대해서 생각해 보게 되어요. 요즘은 자극적인 소재들이 사랑을 받는다지만 돌아보면 알고 싶지 않은 쓸데없는 정보들로부터 도망치고 싶을 때가 있지요. 그 순간에 우리가 직접 마주하진 않지만 어디선가 함께 공감할 수 있는 언제든, 어디에 있든 듣고 나누고 행복할 수 있는 무언가가, 바로 라디오북이지 않을까 합니다.

라디오북을 실행하게 된 것은 좋은 뮤직 스튜디오를 만나서이기도 해요. 바로 지금 함께 작업해 주고 계신 테힐림 스튜디오지요. 스튜디오 부스 안은 햇빛이 들어오고 창이 있습니다. 지하로 내려가지 않아도 되어 참 좋아요. 녹음할 것들을 들고 스튜디오 안으로 들어가서 대표님과 이런저런 이야기로 시작하는 녹음 시간은 이 프로젝트의 성공과 관계없이 제게는 그저 행복한 일입니다.

이야기를 하고 녹음한 것들을 다시 보듬어 주시고 음악을 입혀 주시면 근사한 작품이 됩니다. 이 일이 왜 좋은가, 생각해 보면 혼자서 하지 않아서인 것 같기도 해요. 같이 무엇인가를 만들어 가는 일이 저는 참 좋습니다. 스튜디오 대표님과는 함께 음악을 작업하기도 했어요. 저는 피아노를 미라 대표님은 노래를.

 우리의 책에 담긴 글 중 라디오북으로 제가 읽어 드리고 싶은 글이 있어요. 마음이 지치고 외롭고 조금은 쓸쓸한 날 오디오로 들어 보세요. 예술이 주는 다정함을 느낄 수 있을 거예요.

 ・아름다운 향기는 오래오래 남아

・백반집

 ・러브어페어(with 미라)_ 음악

그리그의   서정 모음곡*   서른여덟

어느 해, 무더운 여름 내내 저는 그리그**의 음악과 함께했습니다. 우리에게는 〈페르귄트 모음곡〉이 가장 유명합니다. 여기서는 유명한 그리그의 곡이 아닌, 작고 소박한 곡으로 아이들과 그림책을 읽을 때나 또는 우리들이 하루를 시작할 때 빈자리를 내어줄 수 있는 아름다운 음악을 나누고 싶습니다.

---

* 「그림책과 클래식 페이퍼」(2015년)에 연재한 글을 일부 수정하여 발췌.
** 에드바르드 그리그(노르웨이, Edvard Grieg, Edvard Hagerup Grieg, 1843-1907) : 노르웨이의 국민작곡가로서 노르웨이의 쇼팽이라 불릴 만큼 많은 피아노 곡을 썼다.

〈서정 모음곡〉. '서정적이다'라는 말을 사전에 찾아보면 '아름답고 열정적인'이란 뜻이 있습니다. 연약하기만 한 생이 아닌 그 안에 열정을 담고 있는 삶.

그리그는 작고 소박한 곡을 쓰는 것을 좋아했습니다. 주위의 사람들이 '왜 그렇게 작은 곡만 쓰는 거야, 화려하고 그럴듯한 악보는 만들지 못해?' 이렇게 말했어도 그는 본질적으로 서정주의자였기에 자신의 기질과 생각을 믿고 받아들이며 자신의 인생을 묵묵히 걸어갔습니다.

그리그의 생을 읽으며 우리가 아이들을 키울 때나 또는 나의 삶을 살아갈 때 주변의 시선과 이야기에 얼마나 많이 흔들리는지. 나는 그럴 수 없는데, 왜 무리해서 앞으로 나아가는지. 겉으로 보이는 많은 것들을 더 중요시하여 내 안의 이야기는 어쩜 그렇게 듣지 못하는지 많은 생각들을 해 보게 되었습니다.

〈서정 모음곡〉을 들어 보면 저마다 아름다운 제목이 붙어 있습니다. '나비', '멜로디', '여름날의 저녁', '오래된 사랑', '회상' 등. 소박한 것을 특별하게 바라볼 수 있는 재능이 있었던 그리그의 시선으로 한 곡 한 곡이 아름답게 쓰였습니다. 마치 시를 읽는 듯한 느낌이 들기도 하지요.

피아노 곡으로 연주되는 그리그의 음악을 조용히 틀어 놓고 책을 읽거나 티타임을 가지거나 혹은 수다를 떨다 보면 어느새 풍경이 바뀌고 있음이 느껴집니다.

당분간 〈서정 모음곡〉을 곁에 두어 보세요. 서정적인 삶이란, 남들보다 작고 연약한 것이 아니라 그리그의 삶과 곡처럼 열정이 있는 삶, 소박한 풍경을 특별하게 여기는 것입니다. 자기만의 길을 묵묵히 가는 것도 포함되겠지요.

그해, 무더운 여름이 끝나 갈 때 저는 끝이 없을 것 같던 그 열기가 식어 가는 것을 보며 '모든 것은 지나간다, 지나가니 또 살 수 있다.'라는 어른들이 늘 하시던 말씀을 떠올려 보게 되었습니다. 당시에 휴가로 아주 잠깐이지만 한적한 동네에 오랜만에 가니 참 좋았던 기억도 자리하고 있습니다. 바쁘게 정신없게 살던 마음이 잠시였지만 내려놓아졌습니다. 밤공기를 마시며 걷는 기분, 주위에 허허벌판인 풍경.

무언가 늘 빼곡했던 풍경이 여유롭게 바뀌니 이것이 삶이구나 싶었지요. 우리의 삶에 빈자리를 만들어 보는 것이 오늘 저의 작은 다짐입니다.

※ 음악은 그리그의 〈서정 모음곡〉이라고 검색하시면 나오거나 음반을 구매하실 수 있습니다. 〈서정 모음곡〉은 피아노 곡으로 연주할 수도 있습니다. 피아노를 치실 수 있는 분들이라면 도전해 보세요.

서른아홉

Farewell

몇 해 전에 읽었던 철학자 김진영 선생님의 책 『아침의 피아노』(한겨레출판사, 2018)를 잊을 수 없습니다. 암 선고 후에 병상에서 작성하셨던 메모들을 모아서 한 권의 책으로 묶었지요. 그 책에는 철학, 문학, 미학, 음악 그리고 예술 안에서 바라본 작가의 아주 현실적이고도 솔직한 이야기들이 그대로 담겨 있었습니다.

임종 3일 전 섬망이 오기 직전까지의 기록이 담긴 유고집입니다.

"슬퍼할 필요 없다. 슬픔은 이럴 때 쓰는 것이 아니다."(김진영)

작가님이 남긴 문장들을 읽어 갈 때 눈시울이 붉어졌습니다. 그분을 뵌 적도 강의를 들은 적도 없지만, 병상에서 얼마나 외롭고 힘겹게 생을 마감하는 시간을 보내셨을지 그분의 창가에 고통과 외로움들이 얼마나 짙게 깔려 있었을지 헤아려졌습니다.

하지만 그 순간에 그분에게는 예술이 있었고 마지막 순간까지도 사랑, 감사, 아름다움에 관해서 이야기하셨죠.

최근에 저는 몸이 너무나 아파서 일상생활을 멈추고 약을 먹고 쉬고 영양제를 맞으러 가고 3주 정도 누웠다 일어났다를 반복한 적이 있었습니다. 온몸에 기운이 빠지고 생각은 멈추고 한없이 부정적이 되었지요. 몸이 아프니 아무것도 하기 싫고 더 이상 할 수 있는 것이 아무것도 없을 것처럼 두려워졌습니다. 마음속 깊은 심연으로 빨려 들어가는 기분이었지요.

몸이 아픈 것보다 부정적인 생각들에 사로잡히는 제 모습에 더 힘겹고 어려운 마음이 드는 시간이었습니다. 목이 너무 부어서 침을 삼킬 때마다 아프고 진통제를 먹어도 가라앉지 않아서 잠을 이룰 수 없는 때도 있었지요. 잠들기를 포기하고 그저 조용히 좋아하는 연주자들의 피아노 곡을 들으며 새벽 시간을 보내기도 했습니다.

그러다가 조성진의 신보, '헨델 프로젝트' 음반 안에 수록된 곡을 듣게 되었지요. 헨델*의 〈Menuetto in G minor〉 그 곡을 새벽부터 아침 시간까지 수없이 듣기를 반복했습니다.

헨델은 평소에 좋아하거나 즐겨 듣는 작곡가가 아니었습니다. 헨델의 곡을 들을 때는 무엇인가 제게, 마음으로 느껴지지 않는 벽이 있었습니다. 하지만 그 새벽 시간, 그 순간에 들었던 헨델의 선율은 저를 위로했고 아픈 목을 직접적으로 낫게 하는 것은 아닐지라도 제게 편안함을 주었지요. 뜻밖의 경험이었습니다.

선율이 하나하나 살아서 귀에 쏙쏙 들어오는데 제 정신과 영혼이 무척 맑게 느껴졌어요. 순간 깊은 어둠에서 제가 끌어올려지는 느낌이었지요. 헨델의 선율에 조성진의 연주에 온전히 아픈 몸을 기대고 있는 제 자신을 발견할 수 있었습니다.

"베란다에서 먼 곳을 바라보며 피아노 소리를 듣는다. 내 마음은 편안하다."(김진영)

'인생은 고통의 연속이다.' 어떤 책에서 읽었던 문구입니다. 젊은 시절에 그 글을 읽었을 때는 도저히 공감이 되지 않았지요. 이렇게 찬란한데, 왜 고통의 연속일까? 그 문장을 이해하는 지금이 있어 다행이라 생각합니다.

인생이란 정해진 죽음의 시간까지 길든 짧든 자신에게 주어진 날들을 살아내는 것이겠지요. 그 안에는 기쁨과 슬픔, 고통, 평안, 행복, 위로

---

* 게오르크 프리드리히 헨델(독일, Georg Friedrich Händel, 1685-1759) : 바로크 후기의 가장 중요한 음악가 중 하나인 그는 '음악의 어머니'라 불린다. 그의 오라토리오 〈메시아〉는 초연 후 유럽 문화권에서 매해 쉬지 않고 연주되고 있을 정도로 큰 업적을 남겼다.

그리고 사랑이 계속 있을 것입니다.

문득 롤랑 바르트의 문장이 생각납니다.

"누구나 자기만이 알고 있는 아픔의 리듬이 있다."

그 리듬, 우리가 어떤 순간 긴 작별을 고할 때도 인생은 음악이 되어 흘러갑니다.

"흐른다는 건 덧없이 사라진다는 것, 그러나 흐르는 것만이 살아 있다."(김진영)

 조성진의 '헨델 프로젝트' 음반을 추천합니다. 그는 기존에 헨델의 곡을 많이 연주하지는 않지만 오래전에 그것을 발견하고 그것이 얼마나 아름답고 대단한 작품인지 깨달았다고 합니다.

마흔   **우리 있는 모습   그대로***

"넌 아름다운 세상에 떠다니는 깃털 같아."

   마지막 글을 준비하면서 무슨 이야기로 끝을 맺어야 할까 고민의 시간이 길어졌습니다. 음악과 책으로 함께한 시간은 다정한 마음을 나누는 시간이며 멀리 있지만 위로를 나누는 기쁨의 시간이기도 했습니다.
   요즘 저는 꽤 많은 고민으로 밤에 잠을 이루지 못하고 있습니다. 나이가 들고 모든 것에 정답을 알 것 같다가도 여전히 사는 일이 어렵다 싶

---

* 「그림책과 클래식 페이퍼」의 마지막 글(2022년)을 수정하여 실음.

은 것을 보면 인생은 참으로 긴 터널을 지나야 하는 여정인 것이 틀림없습니다.

복잡하고 심란한 요즘 제게 선물처럼 찾아온 책, 『도시 악어』(요요, 2022)를 읽으며 울컥하기도 하고, 많은 위로를 받기도 했습니다.

"나는 악어야. 도시에 사는 악어. 나는 원해서 여기에 온 건 아니야. 하지만 나는 지금 여기에 있고, 살아가야 하지."

도시에 사는 악어는 좋아하는 것이 많습니다. 하지만 도시는 악어를 반가워하지 않습니다. 사람들은 무서워하지요. 노력하면 도시에서 잘 살아갈 수 있으리라 생각했지만 그렇게 되지 못했습니다. 도시에 사는 악어는 물을 무서워했지요. 한 번도 제대로 헤엄쳐 본 적이 없어서이기도 했습니다.

그러던 어느 날 발을 헛디뎌서 물속으로 떨어지고 악어는 생각합니다.

"나는 이대로 사라지는 것일까?"

그 순간, 악어는 깨닫습니다. 자신이 악어라는 것을요. 악어로서 존재할 수 있는 진정한 자신을 말이지요. 도시의 불빛은 강물을 비추고 비로소 악어는 자유함을 느낍니다.

루리 작가의 그림으로 만나는 『도시 악어』의 모든 페이지는 참으로 아름답고 따스합니다. 비로소 악어가 자신의 진정한 모습을 발견하고 더 이상 자신의 꼬리를 부끄러워하지 않게 되었을 때 도시에 사는 악어에게는 새로운 세상이 펼쳐집니다.

우리는 우리의 인생에서 진정한 나로 존재한 적이 얼마나 될까요? 타인의 시선에, 우리에게 주어진 무거운 책임감에, 가면을 쓴 나의 모습에, 꿈 따위는 더 이상 중요하지 않다는 생각 때문에 우리는 매 순간 우리 자신을 속이고 잃어 갑니다.

요즘 저의 고민도 진정한 나로 존재하는 것에 대한 갈망과 어려움에 대한 본질적 물음인 것 같습니다. 이만큼 인생을 살아왔는데 앞으로의 인생은 또 어떤 빛깔과 가치로 채워 가야 할까? 지금 내가 누리고 가지고 있는 것을 놓아주고 다시 한번 채움의 시간을 가지고 나아가고 싶다고. 내 안, 깊은 곳에서부터 시작되는 갈망 같은 것들이 제게 계속 말을 걸어 옵니다.

모른 척하며 살지, 아니면 깊은 심연의 고민을 마주할지, 그 선택은 제게 달려 있겠지만 신앙이 있는 저로서는 하나님께 지혜를 구합니다. 또한 책과 음악은 진정한 제 자신으로 존재할 수 있도록 도와줍니다. 가장 무해한 것이며 가만히 사색하고 고민하며 진정 가치 있는 것을 발견해 가도록 저를 이끌어 줍니다.

아이들과 클래식 이야기를 하면서 '클래식이란 무엇인가?' 질문을 던지고 서로 나누는데 아이들에게 저는 항상 '오래되었지만, 가치 있는 것'이라 이야기합니다.

그럼 아이들이 묻습니다. '가치 있는 것이란 무엇인가요?' 가치 있는 것이란 의미 있는 것. 의미 있는 것이란, 소중한 것임을 알려 줍니다. 그러면서 우리에게 소중한 것이란 무엇일까 다시 한번 돌아보지요. 결국 그 안에는 사랑의 마음, 사랑의 관계, 서로를 이해하는 다정함 등이 있음을 우린 또 발견해 갑니다.

『도시 악어』를 읽고 루리 작가의 그림이 너무도 좋아서 루리 작가의 다른 책들도 읽고 싶어졌습니다. 그리고 『긴긴밤』(문학동네, 2021)이란 책을 만났습니다. 코끼리, 코뿔소와 펭귄의 여정이 담긴 이야기에는 '생명력'과 '나로 살아가는 것'에 대한 이야기가 담겨 있습니다. 문학동네어린이문학상에서 대상을 받은 이 책은, 그 심사평을 읽어 보면 글이 이야기하고자 하는 부분이 더욱 명확해집니다.

> "나로 살아가는 것의 고통과 두려움, 환희를 단순하지만 깊이 있게 보여 준다. 아무 일도 일어나지 않을 평안한 삶을 박차고 나와 긴긴밤 속으로 들어간 노든, 세상의 전부였던 노든을 떠나 깊고 검푸른 자신의 바다로 들어가는 펭귄의 모습, 비로소 세상에 마지막 하나 남은 흰바위코뿔소의 심정을, 지금의 내가 있기까지 나를 향해 있던 모든 이의 긴긴밤을."

삶이란 어려운 문제들을 서로 나누며 나 자신의 모습을 계속 찾고 갈망하며 나아가는 시간임이 분명합니다. 그리고 그 여정에서 우리는 책과 음악으로 서로의 마음에 작은 버팀목이 되어 줍니다. 바로크, 고전, 낭만,

근대, 현대까지 아주 오래전부터 내려오는 작곡가들의 선물 같은 곡들은 우리의 이웃이며 사랑이며 보물입니다. 우리는 그 보물을 만나며 인생의 여정을 함께 나눌 친구를 얻는 행운이 생긴 것이지요.

저의 예술 편지가 사랑하는 여러분에게 그런 힘이 되고 행복이 되었기를 바랍니다. 내가 진정한 나로 존재할 수 있도록, 나를 있는 그대로 안아 주는 이가 단 한 사람만 있어도 이 세상에서 우린, 기쁨으로 존재할 수 있으리라 생각됩니다.

마지막으로 어떤 음악을 보낼까? 고민하다가 제가 가장 온전함을 느끼는 순간, 제가 가장 행복한 순간이 언제인가? 떠올려 보았습니다. 그리고 그 순간이 제게는 오르간을 연주하는 시간임을 발견했지요. 어린 시절 가장 오래 저와 함께 살았던 음악. 피아노와 오르간. 그리고 저의 음악적 작업을 완성했던 오르간. 매일 5~6시간씩 연습했던 고된 시간이 저를 완성했음을 깨닫습니다. 그리고 그 시간이 모여 지금의 제가 되었음을 알고 있습니다.

오르간을 처음 만난 것은 피아노를 가르쳐 주시던 고모네 집에 갔을 때였습니다. 고모의 음악실에는 피아노와 오르간이 함께 있었지요. 그리고 어릴 때부터 늘 말씀해 주셨죠. "에스더는 나중에 오르간을 배워. 오르가니스트가 되렴."

어린 시절에 본 오르간은 매우 어려워 보이는 악기였지요. 오른손, 왼손 그리고 발까지 동시에 움직이며 쳐야 하고, 다양한 소리가 나는데 그런 모든 것을 연주자가 다 해내야 한다는 것이 놀라워 보였습니다. 발이 페달에 닿게 되었을 때 처음 오르간을 배운 날이 아직도 기억에 생생합니다. 찬송가 중 한 곡을 선별해서 치는 법을 알려 주셨는데 더듬더듬 발과 손을 움직이며 진땀을 흘렸던 기억이 있습니다.

하지만 그 어려움 속에는 재미가 있었지요. 몇 시간이고 그때부터 오르간 위에 앉아서 잘 해내기 위해 연습을 했습니다. 발이 익숙해지기 위해 치고, 치고를 반복했지요. 그런 과정을 거치며 어느 순간 더 이상 발 페달을 눈으로 보지 않아도 누를 수 있었습니다. 악보를 보면서도 발 페달의 도레미 음계 위치를 찾아가며 손까지 함께 연주할 수 있었지요. 마침내 모든 것이 조화롭게 연주되는 순간을 경험했습니다.

오르간은 제 인생의 반 이상을 차지하고 있는 악기입니다. 그리고 오르간을 통해 저란 사람이 형성되고 인정받고 나아가고 도전할 수 있었지요. 사람들이 잘 모르는 악기를 세상에 좀 더 널리 널리 알리고 싶은 욕심도 있었습니다.

그러고 보니 세월이 담긴 악보와 오르간 그리고 모든 인생의 순간순간에는 저도 모르게 가졌던 용기가 있었습니다. 오르간과 함께 걸어온 시절이 후회되지 않는 것은 바로 그런 이유라 생각합니다. 용기와 확신을 가지고 걸었던 날들이 나의 생에 있었다는 것. 다른 것이 아니라 바로 그것이 행운이라 생각합니다.

얼마 전 저의 낡고 오래된 오르간을 연주해서 책으로 담아 세상으로 보낼 기회가 있었습니다. 그 낡은 오르간에는 제가 첫날 오르간을 만났을 때 썼던 98'esther란 문구가 있습니다. 1998년, 고등학교 때 드디어 나만의 오르간을 가질 수 있게 되고는 너무 좋아서 열어 보고 또 열어 보고 했던 시간이 생각납니다. 그리고 대단히 멋진 연주는 아니지만, 그 오래 된 오르간에서 진심을 담은 찬송가 곡들과 바흐의 곡을 연주할 수 있었 습니다. 한 음 한 음 정성을 다해 누르며 나의 연주가 어딘가 닿아서 지친 이들의 마음을 위로하고 사랑을 전했음 좋겠다 생각했습니다.

✽ 사랑하는 그대에게, 저의 오르간 연주가 담긴 영상을 보내며, 예술 편지의 여정을 마무리 합니다.

· 동경의 시대를 사는 이들에게(르비빔, 2021) : 오르간 묵상 노래 모음

· 구도자의 길에 접어든 이들에게(르비빔, 2022) : 오르간 묵상 노래 모음

To my beloved art

에필로그

"예술이라는 것이 언제나 우리 안에서 시작하기에 그것은 인간에 대한 깊은 이해에서 출발하지요."

"음악을 해 보니 음악처럼 아름답고 완전한 것이 없다는 것을 날이 갈수록 더 깊이 느끼게 됩니다. 좋은 음악, 좋은 예술은 결국 내가 사라지고 음악 그 자체가 남을 때 가능하지요."

"저는 개인적으로 나이가 들수록 음악을 했다는 것이 참 좋습니다. 매일매일 기쁨이 늘어 가니까요. 삶은 누구와의 경쟁이 아닙니다. 특히 음악을 하려는 사람은 결국 '음악' 그 자체가 '우선'이 되어야 합니다.
자기에게 주어진 인생이 있는데 남의 인생을 살려고 하는 것처럼 어리석은 것이 없지요. 남들이 하는 것만 따라 하려다 진짜 자기가 좋아하는 것, 의미 있는 것들은 다 놓치는 거지요. 행복해야 할 시간을 놓치지 않기를 바랍니다.
각자 태어날 때부터 내면에 심어진 씨앗을 마음껏 꽃피우고 아름답게 가꾸기를 바랍니다."

(피아니스트 백건우 선생님의 인터뷰 중에서)

백건우 선생님의 연주를 지난 가을 보러 갔습니다. 처음으로 예술의 전당 합창석에서 선생님의 연주를 보았습니다. 합창석은 무대 위쪽 2층에 둥근 좌석으로서 그곳에 앉으면 무대 위 연주자들의 뒷모습까지도 생생히 볼 수 있답니다.

저는 그날 연주하시는 선생님의 뒷모습과 손을 자세히 볼 수 있었어요. 선생님은 온전히 힘을 빼고 피아노에 몸을 맡겨 연주하셨습니다. 그저 피아노가 자신의 일을 할 수 있도록 연주자는 울림을 만들어 가셨지요.

소유하지 않고. 욕심을 버리고. 힘을 빼고.

그리고 청중인 우리는 그 울림을 마음속에 간직하고 다시 살아갑니다.

2023년 봄날, 임에스더

To my beloved art

사랑하는   예술에게
To my beloved art

세상의 모든 여자에게 보내는 마흔 곡의 플레이리스트와 에세이

초판발행 2023년 3월 31일
2쇄발행 2023년 5월 2일
지 은 이 임에스더
펴 낸 이 박창원
발 행 처 르비빔
주 소 03128 / 서울시 종로구 대학로3길 29, 신관 4층(연지동, 총회창립100주년기념관)
편 집 국 (02) 741-4381 / 팩스 741-7886
영 업 국 (031) 944-4340 / 팩스 944-2623
홈페이지 www.pckbook.co.kr
인스타그램 the.soul_after.the.rain
등 록 No. 1-84(1951. 8. 3.)

책임편집 정현선   **기획** 김효진
편집 오원택 김효진 박신애   **표지·본문 디자인** 김보경
경영지원 박호애   **마케팅** 박준기 이용성 성영훈

영상·오디오 제작 스튜디오_테힐림

ISBN 978-89-398-4473-5(03800)
값 17,000원

르비빔Rebibim 은 한국장로교출판사의 출판 브랜드입니다.

ⓒ 임에스더, 르비빔 2023
이 출판물은 저작권법에 의해 보호를 받는 저작물이므로 무단전재와 무단복제를 할 수 없습니다.

To my beloved art

사랑하는   예술에게